gli artigli
8

This translation published by arrangement with Bantam Books,
an imprint of Random House,
a division of Penguin Random House LLC
© 1992 by Daniel Quinn
© 2018 Ortica editrice soc. coop.,Aprilia
Titolo originale *Ishmael*

in copertina
Jean-Michel Basquiat
All Colored Cast (Part III), 1982
(particolare)

Prima edizione maggio 2018
ORTICA EDITRICE SOC. coop., Aprilia
www.orticaeditrice.it
ISBN 978-88-97011-72-9

Daniel Quinn

ISHMAEL

Traduzione di Mauro Gaffo

ORTICA EDITRICE

A Rennie

PARTE PRIMA

1

La prima volta che lessi l'annuncio mi mancò il fiato, imprecai, sputai e buttai per terra il giornale. Dato che non mi sembrava abbastanza, lo raccolsi, andai in cucina e lo buttai nella spazzatura. Già che c'ero, mi preparai uno spuntino e sedetti un attimo per calmarmi. Mentre mangiavo, pensai a tutt'altro. Dopo, recuperai il giornale dal sacchetto dell'immondizia e cercai di nuovo la pagina degli annunci personali per controllare se quelle maledette parole c'erano ancora, identiche a come me le ricordavo. C'erano.

MAESTRO cerca allievo.
Si richiede un sincero desiderio di salvare il mondo.
Presentarsi di persona.

Un sincero desiderio di salvare il mondo! Bellissimo. Pregnante. Già, un sincero desiderio di salvare il mondo... splendido. Entro l'ora di pranzo davanti a quel portone sarebbero stati in fila un migliaio di sballati, svitati, scemi, babbei, stonati e picchiatelli assortiti, pronti a spegnere il cervello in cambio del raro privilegio di accovacciarsi ai piedi di qualche guru illuminato dalla grande rivelazione che tutto andrà per il meglio se ognuno si volterà e abbraccerà il suo vicino.

Perché quest'uomo è così indignato, così amareggiato?, vi chiederete. Giusta domanda. In effetti era quello che mi chiedevo anch'io.

La risposta ci porta a circa vent'anni fa, cioè a quando avevo la stupida convinzione che il mio più grande desiderio fosse quello di... di trovare un maestro. Proprio così. Ero convinto di volere un maestro... di averne bisogno! Qualcuno che mi insegnasse come comportarsi in una questione che si potrebbe definire... salvare il mondo.

Sciocco, no? Infantile. Naïf. Semplicistico. Bambinesco. O solo fondamentalmente stupido. In una persona del tutto normale sotto ogni altro aspetto, questo fatto richiede una spiegazione.

Ecco com'è andata.

Durante la ribellione giovanile degli anni Sessanta e Settanta io ero abbastanza vecchio da capire che cos'avevano in mente — rivoltare il mondo da capo a piedi — e abbastanza giovane da credere che ci sarebbero riusciti. Proprio così. Ogni mattina, quando aprivo gli occhi, mi aspettavo che fosse arrivata la nuova era, che il cielo fosse più azzurro e l'erba più verde. Mi aspettavo di sentir ridere la gente e di vederla ballare per le strade. Tutti, dal primo all'ultimo, non solo i giovani.

Non mi vergogno per la mia ingenuità: basta ascoltare le canzoni di allora per capire che non ero l'unico.

Un giorno, quando avevo più o meno quindici anni, mi svegliai e capii che la nuova era non sarebbe mai arrivata. La ribellione non era stata domata, ma a poco a poco era sbiadita ed era diventata una moda. Ero l'unico al mondo che si sentisse così disilluso, così disorientato? Pareva di sì. Pareva che tutti gli altri fossero capaci di liquidare la faccenda con un sorrisetto cinico, come a dire: "Be', che ti aspettavi? È sempre andata così, e così andrà sempre. Nessuno ha voglia di salvare il mondo davvero, perché a nessuno gliene frega niente del mondo: erano solo un branco di ragazzotti che davano aria alla bocca. Trovati un impiego, metti da parte un po' di soldi, lavora fino a sessant'anni e alla fine vai a crepare in Florida."

Io non ce la facevo a liquidare tutto con una scrollata di spalle, e nella mia ingenuità pensai che *doveva* esserci qualcuno, da qualche parte, con una saggezza sconosciuta, in grado di cancellare la mia disillusione e il mio disorientamento: un maestro.

Ovviamente non c'era.

Non volevo un guru, un maestro di kung-fu o un direttore spirituale. Non volevo imparare la magia o lo zen del tiro con l'arco o la meditazione, né raddrizzare il mio *chakra* né rivelare le mie incarnazioni precedenti. Quelle erano arti e discipline egoistiche: tutte volte a beneficare il discepolo, non il mondo. Io cercavo ben altro, qualcosa che non si trovava nelle Pagine Gialle né altrove.

Nel *Pellegrinaggio in Oriente* di Hermann Hesse non si scopre mai in che cosa consista l'immane saggezza di Leo. Il motivo è che Hesse non poteva comunicarci ciò che lui stesso non sapeva. Era anche lui come me: desiderava ardentemente che al mondo esistesse qualcuno come Leo, qualcuno che possedesse una conoscenza segreta, una saggezza superiore alla sua. In realtà, com'è ovvio, non esiste nessuna conoscenza segreta; nessuno conosce niente che non si trovi anche sugli scaffali di qualche biblioteca. Ma a quel tempo non me ne rendevo conto.

Quindi cercai. Per quanto sciocco possa apparire adesso, cercai... anche se sarebbe stato più sensato cercare il Graal. Ma non voglio parlarne, è troppo imbarazzante. Cercai finché non diventai maturo e smisi di prendere in giro me stesso, ma dentro di me morì qualcosa, qualcosa che in un certo senso avevo sempre amato e ammirato. Al suo posto restò una cicatrice, una ferita rimarginata ma sempre dolente.

E adesso, anni dopo aver rinunciato alla ricerca, ecco sul giornale l'annuncio di un ciarlatano che si rivolgeva esattamente a quel ragazzo con la testa fra le nuvole che ero quindici anni fa.

Questo però non giustifica ancora la mia rabbia, vero?

Proviamo con un esempio. Per dieci anni siete stati innamorati di una persona che a malapena si accorgeva di voi. Avete fatto di tutto, tentato di tutto per far notare a questa persona che voi eravate seri, in gamba, e che il vostro amore era degno di considerazione. Poi un giorno aprite il giornale, date un'occhiata alla pagina delle inserzioni e scoprite che la persona amata ha messo un annuncio... per cercare qualcuno che valga la pena di amare e da cui essere amata.

Certo, lo so che non è esattamente lo stesso. Non potevo certo aspettarmi che quello sconosciuto maestro si mettesse in contatto proprio con me, invece di cercare il suo pupillo con un'inserzione. E, d'altra parte, se era il ciarlatano che pensavo, perché avrei dovuto desiderare che mi contattasse?

Lasciamo perdere. Mi ero comportato in modo irrazionale. Succede, non è mica proibito.

2

Dovevo andarci, è ovvio... dovevo rassicurarmi che si trattasse solo dell'ennesima bufala, capite? Sarebbero bastati trenta secondi, le prime dieci parole, e avrei saputo. E dopo sarei potuto tornare a casa e scordarmene.

Quando ci arrivai, scoprii con sorpresa che si trattava di un comunissimo palazzo di uffici, pieno di avvocati, dentisti, agenti di viaggio, pubblicitari di second'ordine, un chiropratico e un paio di investigatori privati. Mi ero aspettato qualcosa di più suggestivo... arenaria con pareti rivestite in legno, soffitti alti e, magari, finestre con persiane. Cercai l'appartamento 105 e scoprii che dava sul retro, con le finestre che si affacciavano su un vicolo. La porta era senza nome. Abbassai la maniglia ed entrai in uno stanzone vuoto. L'inconsueta ampiezza era stata ricavata abbattendo i muri interni, le tracce dei quali erano ancora visibili sul parquet. Quella fu la prima impressione: vuoto. La seconda fu olfattiva; quel posto puzzava come un circo... no, non come un circo, come un caravanserraglio: un odore inconfondibile, ma non sgradevole. Mi guardai attorno e mi accorsi che la stanza non era completamente vuota. Contro la parete di sinistra c'era una piccola libreria che conteneva una trentina di volumi, quasi tutti di storia, preistoria e antropologia. Al centro campeggiava una solitaria sedia imbottita che guardava nella direzione opposta, verso la parete di destra, e che sembrava dimenticata là da un'agenzia di traslochi. Senza dubbio era riservata al maestro; il discepolo sarebbe rimasto in ginocchio o si sarebbe accovacciato su stuoie disposte a semicerchio ai suoi piedi.

Ma dov'erano tutte le centinaia di discepoli che avevo previsto di trovare? Che fossero già venuti e fossero stati guidati altrove, come i bambini di Hamelin? Il pavimento polveroso e privo di impronte smentiva questa fantasia.

C'era qualcosa di strano nella stanza, ma mi ci volle un secondo esame per rendermi conto di che cosa. Sulla parete dirimpetto alla porta c'erano due finestre alte, a due battenti, dalle quali entrava la debole luce del vicolo; la parete di sinistra, in comune con l'ufficio di fianco, non aveva aperture. Sulla parete di destra, invece, era stata installata una grande vetrata che evidentemente non dava sull'esterno, dato che non lasciava filtrare neanche un po' di luce; dava su un'altra stanza, ancora meno illuminata di quella dove mi trovavo io. Mi chiesi quali oggetti di culto vi fossero esposti, al sicuro dal contatto di mani indiscrete. Che ci fosse uno Yeti imbalsamato, fatto di cartapesta e pelliccia di gatto? Oppure il corpo del pilota di un Ufo, abbattuto dalla Guardia Nazionale prima di poter comunicare il suo sublime messaggio stellare ("Siamo tutti fratelli. Fate i bravi.")?

Dal momento che dietro era buio, il vetro appariva nero... opaco, riflettente. Mentre mi avvicinavo non feci nessun tentativo di guardare al di là; ero io a essere sotto osservazione. All'arrivo continuai per un attimo a fissare i miei occhi, poi focalizzai lo sguardo al di là del vetro... e mi ritrovai a osservare un altro paio di occhi.

Feci un passo indietro, stupito. Poi mi resi conto di quello che avevo visto e arretrai ancora, questa volta un po' spaventato.

La creatura dall'altra parte del vetro era un gorilla adulto. *Adulto* non dice nulla, ovviamente. Era enorme, terrificante, un macigno, un dolmen di Stonehenge. Era la sua massa ad allarmarmi, anche se lui non si dimostrava affatto minaccioso. Al contrario se ne stava mezzo seduto e mezzo sdraiato, tranquillissimo, e mordicchiava delicatamente un ramo sottile che teneva nella sinistra come una bacchetta magica.

Non sapevo che dire. Quanto fossi sconvolto potete giudicarlo da questo: mi sembrava di dover dire qualcosa... di dover chiedere scusa, spiegare la mia presenza, giustificarmi con quella creatura per l'intrusione. Avevo la sensazione che fissarla in quel modo fosse offensivo, ma ero paralizzato, privo di forze. Non riuscivo a staccare gli occhi da quella faccia, più spaventosa di ogni altra nel regno animale perché così simile alla nostra, eppure a suo modo più nobile di ogni ideale ellenico di perfezione.

Tra noi, in realtà, non c'erano barriere. Il vetro si sarebbe lacerato come stoffa, se lui l'avesse toccato. Ma non sembrava avere intenzione di toccarlo. Stava seduto e mi fissava negli occhi e mordicchiava la punta del rametto e aspettava. No, non è vero che aspettava; era là e basta, c'era da prima che arrivassi e vi sarebbe rimasto dopo che me ne fossi andato. La mia presenza non significava nulla per lui, non più di quanto significhi una nuvola di passaggio per un pastore che riposa sul fianco di una collina.

Quando la paura cominciò ad attenuarsi, tornò la coscienza della mia situazione. Evidentemente non c'era nessun maestro, quindi niente mi tratteneva là: dovevo tornare a casa. Ma non mi piaceva l'idea di andarmene con la sensazione di non aver combinato nulla. Mi guardai in giro pensando di lasciare un biglietto, se riuscivo a trovare qualcosa per scriverlo, ma non c'era nulla di simile a carta e penna. La ricerca, però, mi fece concentrare sull'idea di una comunicazione scritta e attirò la mia attenzione su qualcosa che prima non avevo notato nella stanza dietro la vetrata: una specie di cartello o di manifesto appeso sul muro dietro il gorilla.

CON LA SCOMPARSA DELL'UOMO,
IL GORILLA
AVRÀ QUALCHE SPERANZA?

Quel cartello mi bloccò; o, meglio, mi bloccò quel che c'era scritto. Scrivere è la mia professione, quindi analizzai le parole di quella frase e chiesi loro di spiegarsi, di cancellare l'ambiguità di fondo. Che cosa sottintendevano, che le speranze del gorilla avevano alla base l'estinzione della razza umana o la sua sopravvivenza? Si potevano leggere sia in un modo sia nell'altro.

Si trattava evidentemente di un *koan*, pensato apposta per essere inesplicabile. Personalmente lo giudicai molto sgradevole, sia per questa ragione sia per un'altra: perché chiariva che quella splendida creatura era tenuta prigioniera lì, oltre il vetro, soltanto come illustrazione vivente per il *koan*.

"Devo fare qualcosa" pensai con irritazione. Poi al pensiero si aggiunse: "La cosa migliore sarebbe sedersi e calmarsi".

Ascoltai l'eco di questo strano monito come se fosse un motivo musicale che non riuscivo a identificare. Guardai la sedia e mi chiesi: "Sarebbe davvero meglio sedersi e calmarsi?". E anche se fosse vero... perché? La risposta arrivò in un battibaleno: "Perché se ti calmi riuscirai a percepire meglio". Già, pensai, questo è innegabile.

Senza nessun motivo razionale alzai lo sguardo sul mio animalesco compagno nella stanza vicina. Come tutti sanno, gli occhi possono parlare. Basta un'occhiata, anche a due perfetti estranei, per rivelare una reciproca attrazione. E i *suoi* occhi parlavano. Di colpo mi sentii le gambe molli e riuscii a malapena a raggiungere la sedia prima di crollare.

"Com'è possibile?" dissi dentro di me, non avendo il coraggio di esprimermi ad alta voce.

"Che importanza ha?" replicò lui, in modo altrettanto silenzioso. "È così, e non occorrono altre parole."

"Ma tu..." dissi incerto. "Tu sei..."

Scoprii che, arrivato a quella parola e non trovandone nessun'altra di diversa, non riuscivo a pronunciarla.

Dopo un istante lui annuì, come se capisse la mia difficoltà. "Io sono il maestro."

Per un po' restammo a fissarci, e io mi sentivo la testa vuota come un granaio abbandonato.

Poi lui disse: "Hai bisogno di un po' di tempo per raccogliere le idee?"

— Sì! — gridai, usando la voce per la prima volta.

Il gorilla girò la sua testa imponente e mi scrutò con espressione indecifrabile. — Credi che ascoltare la mia storia ti sarebbe d'aiuto?

— Probabilmente sì — risposi. — Ma prima, se non ti dispiace, dimmi come ti chiami.

Per un po' mi fissò senza rispondere e con un'espressione vacua (per quanto potevo capire a quel tempo). Poi continuò come se io non avessi detto niente.

— Sono nato in una foresta dell'Africa occidentale — disse. — Non ho mai cercato di scoprire il punto esatto, e non vedo il motivo di farlo adesso. Per caso conosci le tecniche di Frank e Osa Johnson?

Lo guardai stupito. — Frank e Osa Johnson? Mai sentiti nominare.

— Catturavano gli animali. Erano famosi, negli anni Trenta. Con i gorilla la loro tecnica era questa: quando trovavano un branco sparavano alle femmine e prelevavano tutti i cuccioli.

— È terribile — commentai senza riflettere.

La creatura replicò con una scrollata di spalle. — Personalmente non ho nessun ricordo di quell'episodio, anche se mi sono rimasti impressi episodi precedenti. Comunque, i Johnson mi vendettero allo zoo di una cittadina del Nordest... non ho idea di quale, perché a quel tempo non avevo coscienza di concetti simili. E lì vissi per molti anni.

Fece una pausa e mordicchiò distrattamente il suo rametto, come per raccogliere le idee.

3

— In posti come quello — riprese a raccontare dopo un po' — gli animali non hanno altro da fare che restare chiusi in gabbia, e in genere sono più portati a pensare che non i loro cugini in libertà. Questo dipende dal fatto che anche il più ottuso non può evitare di intuire che c'è qualcosa di sbagliato in quello stile di vita. Quando sostengo che sono portati a *pensare*, non voglio dire che acquistino il raziocinio; ma, ciò nonostante, la mente della tigre che percorre nervosamente la gabbia avanti e indietro è senza dubbio assorta in qualcosa che un uomo definirebbe pensiero. E questo pensiero è una domanda: *perché?* Perché, perché, perché, perché, perché, perché?, chiede la tigre a se stessa ora dopo ora, giorno dopo giorno, anno dopo anno, mentre continua il suo interminabile andirivieni dietro le sbarre. Non può analizzare la domanda né elaborarla. Se potessimo chiederle: perché *cosa*?, non sarebbe in grado di rispondere. Tuttavia questa domanda brucia nella sua mente come una fiamma perenne, causandole un dolore che non si attenua fino a quando l'animale non cade in quella letargia che i guardiani riconoscono come l'irreversibile rifiuto di vivere. E, com'è ovvio, questa domanda è qualcosa che nessuna tigre affronta nel suo normale habitat.

"Molto prima, anch'io avevo cominciato a chiedermi *perché*. Essendo neurologicamente avvantaggiato nei confronti della tigre, ero in grado di esaminare il significato della domanda... almeno in modo rudimentale. Ricordavo un diverso stile di vita che era, per chi lo seguiva, interessante e piacevole. Quest'altra vita, invece, era angosciosa, noiosa e spiacevole. Dunque, nel chiedermi *perché* io cercavo di scoprire perché la vita dovesse essere suddivisa in quel modo, metà interessante e piacevole e metà noiosa e spiacevole. Io non mi consideravo un prigioniero; non mi era mai venuto in mente che qualcuno mi avesse *impedito* di vivere una vita interessante e piacevole. Ma quando mi resi conto che non trovavo nessuna risposta, cominciai a considerare le differenze tra i due stili di vita. La principale era che in Africa appartenevo a una famiglia... un genere di famiglia che la vostra cultura non conosce più da migliaia di anni. Se i gorilla fossero in grado di elaborare un'immagine simile, direbbero che la loro famiglia è come una mano e loro sono le dita. I gorilla sono senz'altro consapevoli di essere una famiglia, un po' meno di essere degli individui. E anche se nello zoo c'erano altri gorilla, tuttavia non formavano una famiglia: cinque dita troncate non formano una mano.

"Mi misi a riflettere sul cibo. I bambini umani sognano un paese dove le montagne sono di panna montata, gli alberi di

16

pandolce e i sassi sono caramelle. Per un gorilla, quel paese è l'Africa. Dovunque si guarda c'è qualcosa di delizioso da mangiare. Nessuno pensa mai: 'Be', adesso è meglio che pensi a procurarmi qualcosa per pranzo'. Il cibo è dappertutto e lo si raccoglie quasi senza pensarci, come si respira. In realtà nessuno considera la ricerca di cibo come un'attività specifica, ma piuttosto come una musica che risuona in sottofondo alle varie attività quotidiane. Per me il nutrimento era diventato *nutrimento* soltanto allo zoo, dove due volte al giorno ci venivano buttate nella gabbia bracciate di foraggio senza sapore.

"Fu interrogandomi su particolari insignificanti come questo che ebbe inizio la mia vita interiore, quasi senza che me ne accorgessi.

"Anche se io non ne sapevo niente, in quel periodo la Grande Depressione imponeva il suo pedaggio su ogni aspetto della vita americana. In tutto il paese gli zoo erano costretti a economizzare, a ridurre il numero degli animali da mantenere e a ridurre ogni tipo di spesa. Un gran numero di animali venne semplicemente soppresso, credo, perché non esisteva un mercato per bestie che non fossero facili da mantenere o molto colorate o di moda. A eccezione, naturalmente, dei grandi felini e dei primati.

"Per farla breve, venni venduto al proprietario di un caravanserraglio itinerante, che aveva un vagone vuoto. A quel tempo ero un adolescente di notevoli dimensioni e senza dubbio rappresentavo un buon investimento a lungo termine.

"Si può credere che la vita in gabbia sia sempre uguale, qualunque sia la gabbia, ma non è così. Prendiamo il contatto con l'uomo, per esempio: allo zoo i gorilla si accorgevano dei loro visitatori umani; per noi erano una curiosità degna di osservazione, proprio come gli uccelli o gli scoiattoli nei dintorni della casa di una famiglia umana. Era evidente che quelle strane creature ci guardavano, ma non ci passava mai per la testa che venissero solo per quello. Al caravanserraglio, invece, ben presto mi resi conto che era proprio così.

"Anzi, venni erudito a questo riguardo fin dalla prima volta che fui messo in esposizione. Un piccolo gruppo di visitatori si avvicinò al mio vagone e dopo un po' cominciò a parlare *con me*. Io ero esterrefatto. Allo zoo le persone parlavano tra loro, non con noi. 'Forse si sbagliano' mi dissi. 'Forse mi scambiano per uno di loro'. Invece la mia perplessità e la mia meraviglia crebbero quando, uno dopo l'altro, tutti i gruppi che venivano a vedermi si comportavano nello stesso modo. Non riuscivo a capire che cosa stesse succedendo.

"Quella notte, senza averne coscienza, feci il mio primo vero tentativo di riordinare le idee per risolvere un problema. Era possibile, mi chiesi, che il cambiamento di posto avesse in qualche modo cambiato anche me? Io non mi sentivo cambiato, e di sicuro non era cambiato il mio aspetto fisico. Forse, pensai, la gente che era venuta a vedermi quel giorno apparteneva a una specie diversa da quella che veniva allo zoo. Ma un simile ragionamento non era convincente; le persone dei due gruppi erano identiche sotto ogni aspetto, tranne uno: quelle del primo parlavano tra loro, quelle del secondo parlavano con me. Anche la cadenza era identica... doveva trattarsi di qualcos'altro.

"La notte successiva riesaminai il problema ragionando così: se non è cambiato niente in me e non è cambiato niente in loro, dev'essere cambiato *qualcos'altro*. Io sono lo stesso e loro sono gli stessi, dunque qualcos'altro *non* è lo stesso. Considerando il problema da questo punto di vista, riuscii a escogitare una sola risposta: allo zoo c'erano molti gorilla, mentre lì c'ero soltanto io. Intuivo il valore di questa argomentazione, ma non riuscivo a capire perché i visitatori dovessero comportarsi in modo diverso in presenza di molti gorilla o di un solo gorilla.

"Il giorno seguente cercai di fare più attenzione a quello che diceva la gente che veniva a vedermi. Ben presto notai che, per quanto ogni persona parlasse in modo diverso, c'era un suono ricorrente che sembrava diretto ad attirare la mia attenzione. Ovviamente non ero in grado di azzardare nessuna ipotesi sul suo significato: non avevo nessuna Stele di Rosetta.

"Il vagone a destra del mio era occupato da uno scimpanzé femmina con un cucciolo, e mi ero già accorto che i visitatori le parlavano proprio come a me. In quel momento però notai che per attirare la sua attenzione usavano un suono ricorrente diverso: «Zsa-Zsa! Zsa-Zsa! Zsa-Zsa!» Da me, invece, dicevano: «Golia! Golia! Golia!»

"Con piccole intuizioni come questa, ben presto capii che quei suoni si riferivano a noi direttamente, *come individui*! Tu che hai un nome fin dalla nascita e probabilmente sei convinto che perfino un cagnolino sia consapevole di avere un nome (il che non è affatto vero), non puoi immaginare quale turbamento sia stato per me avere acquisito un nome. Non sarebbe un'esagerazione dire che soltanto in quel momento io nacqui come persona.

"Fu relativamente facile passare dalla consapevolezza che *io* avevo un nome a quella che *tutto* aveva un nome. È facile credere che a un animale in gabbia siano concesse ben poche possibilità di apprendere la lingua dei suoi visitatori, ma non è così. I caravanserragli attirano le famiglie, e ben presto mi resi conto che i genitori sono costantemente impegnati a istruire i figli nell'arte della lingua: «Guarda, Johnny, quella è un'anitra! Di' 'anitra'. Aa-nii-traa. E sai qual è il verso dell'anitra? L'anitra fa *qua-qua*!»

"Entro un paio d'anni ero in grado di seguire la maggior parte delle conversazioni che mi venivano all'orecchio, ma scoprii che la meraviglia non se ne andava con la comprensione. Ormai sapevo di essere un gorilla, e sapevo che Zsa-

Zsa era uno scimpanzé. Sapevo inoltre che tutti gli occupanti dei vagoni erano *animali*, eppure non riuscivo a capire che cosa fosse un animale. I visitatori umani facevano evidentemente una distinzione tra loro e gli animali, ma io non ero in grado di afferrarne il motivo. Anche se avessi capito che cosa rendeva noi degli *animali* (e mi sembrava di averlo capito), non riuscivo a comprendere che cosa rendesse loro dei *non-animali*.

"La ragione della nostra prigionia non era più un mistero, perché l'avevo sentita spiegare centinaia di volte ai bambini. Un tempo, tutti gli animali del caravanserraglio erano vissuti in un luogo che veniva chiamato 'foresta' e che si estendeva dappertutto nel mondo (qualunque cosa fosse il 'mondo'). Noi eravamo stati presi dalla foresta e portati in quel posto perché, per qualche strano motivo, la gente ci trovava interessanti. Venivamo tenuti in gabbia perché eravamo 'feroci' e 'pericolosi', due parole che mi confondevano perché erano evidentemente riferite a mie caratteristiche personali. Voglio dire che quando i genitori volevano mostrare ai loro bambini una creatura particolarmente feroce e pericolosa, indicavano me. È vero che indicavano anche i grandi felini, ma dato che non ne avevo mai visto uno in libertà questo particolare non era affatto illuminante.

"Nel complesso, la vita al caravanserraglio era un miglioramento rispetto allo zoo, perché non era così opprimente e noiosa. Non mi era mai venuto in mente di provare risentimento nei confronti dei miei guardiani: benché potessero muoversi assai liberamente, sembravano legati al caravanserraglio esattamente come noi, e io non sospettavo affatto che conducessero una vita esterna del tutto diversa dalla nostra. Per me sarebbe stato più facile intuire all'improvviso la legge di Boyle, che rendermi conto di essere stato privato di un diritto fondamentale come quello di vivere come preferivo.

"Passarono tre o quattro anni. Poi, in un giorno di pioggia, quando lo spiazzo davanti alle gabbie era deserto, ricevetti una visita particolare: un uomo che ai miei occhi pareva vecchio e grinzoso, ma che in seguito scoprii essere poco più che quarantenne. Anche il suo approccio fu particolare. Restò immobile all'ingresso del caravanserraglio esaminando metodicamente un vagone dopo l'altro, quindi venne diritto verso di me. Si fermò all'altezza della corda tirata a un metro e mezzo dalla gabbia, piantò nel fango la punta del suo bastone da passeggio, proprio davanti ai piedi, e mi fissò negli occhi. Nessuno sguardo umano mi aveva mai imbarazzato, quindi lo fissai di rimando. Mi sedetti, e lui restò a guardarmi per alcuni minuti. Ricordo di avere provato un insolito senso di ammirazione per quell'uomo, che sopportava stoicamente la pioggia sottile che gli picchiettava la faccia e gli inzuppava i vestiti.

"Alla fine raddrizzò la schiena e fece un cenno di assenso, come se fosse arrivato a una conclusione accuratamente ponderata.

«Tu non sei Golia» disse.

"Un attimo dopo si girò e ritornò sui suoi passi, senza guardare né a destra né a sinistra."

4

— Come puoi immaginare, ero sconvolto. Non ero Golia? Che cosa significava *non essere* Golia?

"Non mi venne affatto in mente di dire: 'E allora chi sono, se non sono Golia?' Di sicuro un uomo se lo sarebbe chiesto, perché avrebbe avuto la certezza di essere comunque *qualcuno*, qualunque fosse il suo nome. Io no. Io, se non ero Golia, avevo l'impressione di non essere nessuno.

21

"Per quanto quello sconosciuto non mi avesse mai visto prima, non sospettai neanche per un attimo che non parlasse con assoluta autorevolezza. Mille persone prima di lui mi avevano chiamato Golia — anche gente che mi conosceva bene, come gli inservienti del caravanserraglio — ma non era quello il punto... quello non contava. Lo sconosciuto non aveva detto: «Tu non *ti chiami* Golia», ma: «Tu non *sei* Golia». C'era un mondo di differenza. Da come la vedevo io (anche se all'epoca non avrei potuto esprimermi così) la mia consapevolezza d'identità era stata dichiarata senza possibilità di appello un'illusione.

"Mi lasciai cadere in uno stato di sospensione, che non era né veglia né incoscienza. Venne un inserviente con del cibo, ma lo ignorai. Cadde la notte ma non mi addormentai. Smise di piovere e spuntò il sole senza che me ne accorgessi. Ben presto tornò la solita folla di visitatori che mi chiamava: «Golia! Golia! Golia!» ma io nemmeno li notavo.

"Passai parecchi giorni in quello stato. Poi, una sera, dopo la chiusura del caravanserraglio, bevvi a lungo dalla ciotola e caddi di colpo addormentato: all'acqua era stato aggiunto un potente sedativo. All'alba mi svegliai in una gabbia che non mi era familiare. Anzi, sulle prime, a causa della sua grandezza e della forma strana non la riconobbi nemmeno come una gabbia. Era circolare e aperta all'aria dovunque mi girassi: in seguito scoprii che era un gazebo appositamente modificato. Con l'eccezione di una grande casa bianca poco lontana, era isolato dal mondo in un elegante giardino che immaginai si estendesse fino alla fine del mondo.

"Non ci misi molto a escogitare una spiegazione per quel curioso trasloco: la gente che visitava il caravanserraglio veniva, almeno in parte, con l'idea di vedere un gorilla di nome Golia; come si facessero quest'idea non riuscivo a immaginarlo, ma sembrava proprio così; e quando il proprietario del caravanserraglio aveva scoperto che in realtà io *non ero*

Golia non poteva certo continuare a esibirmi come tale, e quindi non aveva altra scelta che mandarmi via. Non sapevo se sentirmi dispiaciuto o no... dopo tutto, la mia nuova casa era molto più gradevole di tutto ciò che avevo visto da quando avevo lasciato l'Africa, anche se, senza lo stimolo giornaliero della gente, presto quel posto sarebbe diventato ancora più estenuante e noioso dello zoo, dove almeno avevo la compagnia degli altri gorilla. Stavo ancora riflettendo sull'argomento quando, verso metà mattina, alzai lo sguardo e mi accorsi di non essere solo. C'era un uomo in piedi oltre le sbarre, stagliato contro il bianco della casa lontana illuminata dal sole. Mi feci avanti con cautela e scoprii con stupore che lo conoscevo.

"Quasi rimettendo in scena il nostro precedente incontro, ci fissammo negli occhi per alcuni minuti, io seduto sul pavimento della gabbia e lui appoggiato al bastone da passeggio. Mi resi conto che, asciutto e con vestiti nuovi, non era così vecchio come avevo creduto la prima volta. Aveva un viso lungo, scuro e scavato, due occhi stranamente intensi e una bocca che sembrava inchiodata in un sorriso allegro e amaro al tempo stesso. Alla fine annuì, proprio come la volta precedente, e disse: — Sì, non mi ero sbagliato. Tu non sei Golia. Sei Ishmael.

"Di nuovo, come se quel che contava fosse stato finalmente stabilito, voltò le spalle e si allontanò.

"E di nuovo io mi sentii sconvolto, ma questa volta per un profondo senso di sollievo perché ero stato richiamato dal limbo. Per di più, l'errore che per anni mi aveva costretto senza volerlo a vivere come un impostore era stato infine corretto. Ero una persona, adesso, e non per la seconda ma per la prima volta.

"Però c'era una curiosità che mi tormentava, a proposito del mio salvatore. Non mi passava affatto per la mente di associarlo con il mio trasferimento dal caravanserraglio a quel grazioso belvedere, perché ero ancora incapace del più elementare dei sofismi: *post hoc, ergo propter hoc*. Lui, per me, era un essere soprannaturale. A una mente pronta per il mito, si offriva come un primitivo concetto di divinità. Era comparso per due volte nella mia vita e per due volte, con una sola frase, mi aveva trasformato. Cercai di capire il significato profondo delle due apparizioni, ma trovai solo domande. Quell'uomo era venuto al caravanserraglio in cerca di Golia o in cerca di me? Era venuto perché sperava che fossi Golia o perché sospettava che *non* fossi Golia? Come aveva fatto a trovarmi così rapidamente nel mio nuovo posto? Non avevo modo di valutare quanto fossero estese le informazioni degli esseri umani; se era di dominio pubblico che mi si potesse trovare al caravanserraglio (e sembrava proprio così) era di dominio pubblico anche il fatto che io adesso fossi lì? Malgrado le molte domande senza risposta, rimaneva soprattutto il fatto che quella stupefacente creatura mi aveva cercato per due volte allo scopo di definirmi come persona in un modo che non aveva precedenti. E, ora che aveva sistemato la faccenda della mia identità, ero certo che sarebbe sparito dalla mia vita per sempre... che cos'altro gli rimaneva da fare?

"A te, senza dubbio, queste sconvolgenti appercezioni sembreranno ridicole. Nondimeno, la realtà (come scoprii in seguito) non era meno fantastica.

"Il mio benefattore era un ricco mercante ebreo di questa città, e si chiamava Walter Sokolow. Il giorno che mi aveva scoperto al caravanserraglio stava vagando sotto la pioggia in preda a un umore suicida in cui era caduto già da qualche mese, quando aveva scoperto al di là di ogni dubbio che ogni suo familiare era stato ingoiato dall'Olocausto nazista. I suoi vagabondaggi l'avevano portato ai tendoni innalzati ai margini della città, ed era entrato senza alcun proposito particolare. Per colpa della pioggia, la maggior parte delle attrazioni era stata chiusa conferendo a quel luogo un'aria di abbandono che ben si accordava con la sua malinconia. Alla fine era arrivato al caravanserraglio, le cui principali attrazioni erano pubblicizzate da una serie di cartelli scoloriti. Ce n'era uno, più scolorito degli altri, dove si vedeva il gorilla Golia che brandiva come un'arma il corpo di un negro esanime. Walter Sokolow, forse pensando al gorilla Golia come al simbolo del gigante nazista deciso a distruggere la stirpe di Davide, aveva pensato che sarebbe stata una soddisfazione vedere quel mostro dietro le sbarre.

"Era entrato, si era avvicinato al mio vagone e, fissandomi negli occhi, si era reso conto che non avevo alcun rapporto col mostro assetato di sangue dipinto nel cartellone... né tantomeno coi Filistei che tormentavano la sua stirpe. Aveva scoperto che non provava alcuna soddisfazione nel vedermi dietro le sbarre. Al contrario, in un gesto donchisciottesco di colpa e di sfida aveva deciso di salvarmi dalla gabbia e di trasformarmi in un atroce sostituto della famiglia che non era riuscito a salvare dalla gabbia dell'Europa. Il proprietario del caravanserraglio era stato ben felice di vendermi; si era detto d'accordo anche che il signor Sokolow assumesse un inserviente per sorvegliarmi dopo il mio arrivo. Il proprietario era una persona pratica: con l'inevitabile entrata in guerra dell'America, spettacoli itineranti come il suo erano destinati a passare quel periodo nei quartieri d'inverno oppure a estinguersi definitivamente.

"Dopo avermi lasciato un giorno di tempo per ambientarmi nel mio nuovo alloggio, il signor Sokolow tornò per cominciare a fare la mia conoscenza. Volle che l'inserviente gli mostrasse come fare ogni cosa, dalla preparazione del cibo alla pulizia della gabbia. Gli chiese se mi riteneva pericoloso. L'inserviente rispose che io ero come uno schiacciasassi... pericoloso non per carattere ma solo per le dimensioni e per la forza.

"Dopo un'ora o giù di lì il signor Sokolow lo congedò, e noi due restammo a scrutarci a lungo, in silenzio, come le altre due volte. Alla fine, con riluttanza, come superando una barriera interiore, cominciò a parlare con me... non in modo scherzoso come i visitatori del caravanserraglio, ma piuttosto come chi parla al vento o alle onde che si frangono sulla spiaggia, pronunciando parole che dovevano essere dette e che non dovevano essere udite da anima viva. Mentre riversava su di me i suoi dolori e le sue recriminazioni, a poco a poco dimenticò ogni cautela. Dopo un'ora era appoggiato alla gabbia e stringeva una sbarra. Guardava a terra, perso nei suoi pensieri, e io approfittai di quell'opportunità per esprimere la mia comprensione sfiorandogli con gentilezza la mano. Lui fece un salto indietro, sorpreso e terrorizzato, ma il mio sguardo lo convinse che quel gesto era privo di ogni minaccia, proprio come sembrava.

"Messo sull'avviso da quell'esperienza, cominciò a sospettare che io possedessi un'autentica intelligenza, e pochi semplici esperimenti lo convinsero che era vero. Essendo sicuro che capivo le sue parole, ne concluse (come sarebbe capitato in seguito ad altri che lavoravano con i primati) che anch'io dovevo essere in grado di produrre parole mie. In breve, decise di insegnarmi a parlare. Passerò sopra alla sofferenza e all'umiliazione dei mesi seguenti. Né io né lui ci rendevamo conto che esisteva una difficoltà insormontabile, ovvero la mancanza di un adeguato apparato vocale da parte mia. Non sapendolo, entrambi ci sforzammo di riuscire nell'impresa, convinti che un giorno, se avessimo perseverato, la capacità di parlare si sarebbe magicamente manifestata in me. A un certo punto mi resi conto che non potevo continuare e nell'angoscia di non poterglielo *dire* glielo comunicai *col pensiero* con tutta la forza della mia mente. Lui restò interdetto... e io altrettanto, quando mi resi conto che aveva percepito il mio urlo mentale.

"Non voglio annoiarti con i vari gradini dei nostri progressi, una volta che tra noi si stabilì un'autentica comunicazione; credo che non ti sarà difficile immaginarli. Nei dieci anni successivi lui mi insegnò tutto quel che sapeva del mondo, dell'universo e della storia umana, e quando le mie domande cominciarono a estendersi oltre le sue conoscenze, studiammo insieme. E quando i miei studi, alla fine, si spinsero al di là dei suoi interessi, accettò di assistermi recuperando per me libri e informazioni che ovviamente erano al di là della mia portata.

"Con il nuovo interesse per la mia istruzione ad assorbire la sua attenzione, ben presto il mio benefattore smise di tormentarsi con i rimorsi e a poco a poco si riprese dal suo tormento interiore. Verso i primi anni Sessanta ero diventato come l'ospite fisso di una pensione, che richiede ben poca attenzione al proprietario, e il signor Sokolow cominciò a concedersi qualche apparizione in società, con la non prevedibile conseguenza di trovarsi irretito da una quarantenne che lo considerava un marito potenziale con tutte le carte in regola. In effetti lui non era contrario a sposarla, ma commise un terribile errore nel corso del fidanzamento: decise che il nostro speciale rapporto sarebbe rimasto un segreto per la sua futura moglie. Non era una decisione particolarmente inconsueta, per quei tempi, e io non avevo abbastanza esperienza in merito per capire quanto fosse sbagliata.

"Così ritornai nel gazebo, non appena fu finita la ristrutturazione per adattarlo alle abitudini civili che avevo acquisito. Sulle prime, però, la signora Sokolow mi vedeva come un bizzarro animale da compagnia decisamente spaventoso, e si diede da fare perché fossi immediatamente trasferito o eliminato. Per fortuna, il mio benefattore aveva l'abitudine di fare a modo suo e chiarì subito che nessun pianto o ricatto avrebbe modificato la mia situazione. Alcuni mesi dopo il matrimonio piombò da me per comunicarmi che, come la Sara di Abramo, ben presto sua moglie gli avrebbe presentato il figlio della vecchiaia.

"«Non avevo previsto niente di simile, quando ti ho chiamato Ishmael» mi disse. «Ma sta' sicuro che non le permetterò di allontanarti dalla mia casa come fece Sara con il tuo omonimo dalla casa di Abramo.» Però diceva, ridendo, che se fosse stato maschio lo avrebbe chiamato Isaac. Le cose non andarono così; nacque una femmina, e la chiamarono Rachel."

5

A quel punto, Ishmael fece una pausa tanto lunga, a occhi chiusi, che cominciai a pensare che si fosse addormentato. Invece alla fine continuò.

— Saggezza o follia che fosse, il mio benefattore decise che io sarei stato il mentore della bambina e (saggezza o follia) io fui ben felice di avere la possibilità di compiacerlo. Tra le braccia di suo padre, Rachel passava con me tanto tempo quasi quanto con sua madre, che ovviamente non fece alcunché per migliorare il mio rapporto con lei. Dato che ero capace di parlare con la piccola con un linguaggio più diretto delle parole, riuscivo a tranquillizzarla e divertirla quando gli altri fallivano, e a poco a poco tra noi si sviluppò un legame paragonabile a quello che esiste tra due gemelli... a parte il fatto che per lei io ero contemporaneamente fratello, animale da compagnia, tutore e governante.

"La signora Sokolow aspettava con ansia il momento in cui Rachel avrebbe cominciato ad andare a scuola, perché pensava che quella novità me l'avrebbe resa estranea. Quando scoprì che le cose non andavano come previsto, riprese la sua campagna per cacciarmi, sostenendo che la mia presenza avrebbe rovinato i rapporti sociali della bambina. Invece i suoi rapporti sociali non ne risentirono affatto, anche se saltò ben tre classi delle elementari e una delle medie; si laureò in biologia prima dei vent'anni. Tuttavia, dopo tanti contrasti su ciò che riguardava l'andamento della sua famiglia, la signora Sokolow non aveva più bisogno di un motivo razionale per desiderare che me ne andassi.

"Nel 1985, alla morte del mio benefattore, Rachel prese il suo posto come mia protettrice. Dato che non c'era motivo di farmi rimanere nel gazebo, Rachel utilizzò i fondi stanziati da suo padre a questo scopo per trasferirmi in un 'ritiro' approntato in precedenza."

Ancora una volta Ishmael rimase in silenzio per alcuni minuti. Poi riprese: — Negli anni che seguirono, le cose non andarono secondo le previsioni o le speranze. Io scoprii di non essere affatto felice di 'ritirarmi': dopo avere passato una vita a farmi da parte, adesso volevo avere la possibilità di avvicinarmi al nucleo della vostra cultura, ed ero sul punto di esaurire la pazienza della mia protettrice con i miei continui tentativi di raggiungere questo scopo. Nello stesso tempo, la signora Sokolow non era affatto disposta a lasciare le cose come stavano e aveva persuaso un tribunale a dimezzare i fondi stanziati per la mia sopravvivenza.

"Fino al 1989 la situazione restò confusa. Ma quell'anno finalmente capii che la mia vocazione era l'insegnamento, e finalmente escogitai un sistema che mi avrebbe reso tollerabile la vita in questa città."

Fece un cenno di assenso sottintendendo che era arrivato alla fine della storia... o, almeno, che non intendeva spingersi oltre.

6

A volte, avere troppe parole da dire può essere limitante quanto averne troppo poche. Non riuscivo a pensare a niente di adeguato o garbato da ribattere a un racconto simile. Alla fine feci una domanda che mi sembrava insensata, né più né meno delle altre che mi si affacciavano alla mente.

— E hai avuto molti discepoli?

— Ne ho avuti quattro, e con tutti e quattro ho fallito.

— Ah. E perché hai fallito?

Il gorilla chiuse gli occhi per raccogliere le idee. — Ho fallito perché ho sottovalutato la difficoltà di quel che volevo insegnare, e perché non comprendevo a sufficienza la loro mente.

— Capisco — dissi. — E che cosa insegni?

Ishmael scelse un nuovo rametto dal mucchio alla sua destra, lo esaminò e cominciò a mordicchiarlo scrutandomi languidamente. Alla fine disse: — Basandoti sulla mia storia, secondo te quale potrebbe essere il soggetto del mio insegnamento?

Io battei le palpebre e risposi che non lo sapevo.

— Ma sì che lo sai. Il mio soggetto è la *prigionia*.

— La prigionia.

— Esatto.

Restai in silenzio per qualche secondo, poi ribattei: — Sto cercando di capire che cosa c'entra con la salvezza del mondo.

Ishmael rifletté per un attimo. — Tra la gente della tua cultura, chi è che desidera distruggere il mondo?

— Chi *desidera* distruggerlo? Per quel che ne so, nessuno.

— Eppure lo state distruggendo tutti, dal primo all'ultimo. Tutti voi contribuite ogni giorno alla distruzione del mondo.

— È vero.

— E allora perché non vi fermate?

Scrollai le spalle. — Francamente, non sapremmo come fare.

— Siete prigionieri di una civiltà che in pratica vi obbliga a continuare a distruggere il mondo per sopravvivere.

— Sembra di sì.

— Dunque siete prigionieri... e avete fatto del mondo intero un prigioniero. Dunque è questo a essere in gioco, non è vero? La vostra prigionia e la prigionia del mondo.

— Sì, è vero. Non ci avevo mai pensato.

— E tu stesso sei prigioniero, in un certo senso, non è così?

— In che senso?

Ishmael sorrise, rivelando una gran massa di denti giallastri. Fino a quel momento non mi ero reso conto che fosse capace di sorridere.

Dissi: — Ho l'*impressione* di essere prigioniero, ma non so perché.

— Qualche anno fa... tu dovevi essere ancora un ragazzo, quindi non puoi ricordartene... molti giovani di questo paese avevano la stessa impressione. Fecero un tentativo ingenuo e disorganizzato di sfuggire a questa prigionia, ma fallirono perché non riuscivano a trovare le sbarre della gabbia. Se non si scopre che cos'è a imprigionarci, il tentativo di fuggire diventa ben presto confuso e inefficace.

— Sì, è la sensazione che ho avuto anch'io.

Ishmael annuì.

— Ma, comunque, che c'entra questo con la salvezza del mondo?

— Il mondo non sopravviverà a lungo se l'umanità è prigioniera. C'è bisogno che te lo spieghi?

— No. Almeno non a me.

— Io credo che molti di voi sarebbero felici di liberare il mondo dalla schiavitù.

— Lo credo anch'io.

— E che cosa impedisce a tutta questa gente di farlo?

— Non lo so.

— Ecco che cosa glielo impedisce: non riescono a trovare le sbarre della gabbia.

— Già — dissi. — Capisco. — Poi aggiunsi: — E allora come facciamo?

Ishmael sorrise ancora. — Ti ho raccontato una storia che spiega perché sono qui... Forse tu farai lo stesso.

— Cioè?

— Voglio dire che forse mi racconterai una storia che spieghi come mai *tu* sei venuto qui.

— Ah — ribattei. — Dammi un momento.

— Puoi avere tutti i momenti che vuoi — replicò lui con serietà.

7

— Un tempo, quando ero all'università — iniziai infine — scrissi un saggio per un esame di filosofia. Non ricordo con esattezza quale fosse l'argomento, forse l'epistemologia. In quel saggio, comunque, immaginavo che i nazisti non avessero affatto perduto la guerra. Anzi, l'avevano vinta e si erano diffusi in tutto il mondo. Avevano sterminato tutti gli ebrei, gli zingari, i neri e gli indiani. Poi, chiusa questa faccenda, avevano spazzato via russi e polacchi, boemi e moravi, bulgari e serbi e croati... tutti i popoli slavi. Subito dopo si erano dedicati a polinesiani e coreani, cinesi e giapponesi... i popoli asiatici. C'era voluto un sacco di tempo, ma alla fine ogni essere umano al mondo era ariano al cento per cento e tutti erano molto felici.

"Ovviamente i libri di scuola non menzionavano più nessuna razza che non fosse quella ariana, nessuna lingua che non fosse il tedesco, nessuna religione che non fosse l'hitlerismo e nessun sistema politico che non fosse il nazional-socialismo. Non avrebbe avuto senso. Dopo alcune generazioni, non si sarebbe potuto scrivere nient'altro sui libri di testo, neanche volendolo, perché nessuno sapeva più che esistesse qualcosa di diverso.

"Ma un giorno due studenti si incontrarono all'università di Nuova Heidelberg, a Tokyo; tutti e due esibivano una bellezza ariana standard, ma uno aveva un'aria vagamente preoccupata e infelice. Si chiamava Kurt. Il suo amico disse: «Cosa c'è che non va, Kurt? Perché sei così avvilito?» e Kurt rispose: «Be', Hans, in effetti c'è qualcosa che mi preoccupa, e mi preoccupa sul serio.» L'amico gli chiese di che cosa si trattava. «Ecco» rispose Kurt, «non riesco a togliermi la pazzesca sensazione che ci sia qualche piccola cosa su cui ci hanno mentito.»

"Il saggio finiva con queste parole."

Ishmael annuì pensieroso. — Che cosa disse il tuo professore?

— Mi chiese se avevo la stessa pazzesca sensazione di Kurt. Quando risposi di sì, mi chiese su che cosa ci avevano mentito, secondo me, e io risposi: «Come faccio a saperlo, se sono nelle condizioni di Kurt?» Ovviamente non pensò che parlassi sul serio; dava per scontato che fosse solo un esercizio di epistemologia.

— E ti chiedi ancora se ti hanno mentito?

— Sì, ma non con la stessa disperazione di una volta.

— No? E perché?

— Perché ho scoperto che, in pratica, non c'è nessuna differenza. Che ci abbiano mentito o no, dobbiamo comunque alzarci e andare al lavoro, pagare le tasse e tutto il resto.

— A meno che *tutti* non comincino a sospettare che vi hanno mentito... e che *tutti* scopriate qual è la menzogna.

— Che cosa vuoi dire?

33

— Se lo scoprissi soltanto tu, qual è la menzogna, allora probabilmente avresti ragione: non farebbe nessuna differenza. Ma se lo scoprissero *tutti*, la differenza sarebbe enorme.

— È vero.

— Allora questa dev'essere la nostra speranza.

Stavo per chiedergli che cosa intendesse, ma lui sollevò una mano che aveva il colore e la sembianza del cuoio invecchiato e disse: — Domani.

8

Quella sera feci una passeggiata. Camminare tanto per camminare è una cosa che non faccio quasi mai, ma chissà perché nel mio appartamento mi sentivo nervoso. Avevo bisogno di parlare con qualcuno che mi tranquillizzasse. O forse avevo bisogno di confessare il mio peccato: mi era tornato l'insano desiderio di salvare il mondo. Oppure nessuna delle due cose... avevo solo paura di avere sognato. In effetti, considerando gli eventi della giornata, molto probabilmente era andata così. Di tanto in tanto, sognando, mi capita di volare, e ogni volta mi dico: «Era ora che mi succedesse *nella realtà*, invece che in sogno!»

Comunque avevo bisogno di parlare con qualcuno, ed ero solo. Lo sono sempre: è una mia scelta... o, almeno, è quello che mi dico. I semplici conoscenti mi lasciano insoddisfatto, e poche persone sono disposte ad accettare il peso di un'amicizia come la concepisco io.

La gente dice che sono malinconico, un misantropo, e io rispondo che probabilmente hanno ragione. Ogni tipo di discussione, qualunque sia il motivo, mi è sempre sembrato uno spreco di tempo.

La mattina dopo mi svegliai e pensai: "Eppure anche questo potrebbe essere un sogno. Ci si può addormentare in sogno, e addirittura fare dei sogni in sogno." Mentre facevo i soliti gesti per preparare la colazione, mangiare e lavarmi, il cuore mi batteva all'impazzata. Sembrava dirmi: «Come fai a fingere di non essere terrorizzato?»

Passò il tempo. Andai in macchina verso il centro. L'edificio era ancora là. L'ufficio in fondo all'atrio, al pianterreno, era ancora là e per entrare bastava ancora abbassare la maniglia.

Quando aprii, l'immenso, carnoso aroma di Ishmael mi piombò addosso come un rombo di tuono. Con le gambe che mi tremavano mi diressi alla sedia e mi ci abbandonai.

Ishmael mi esaminò con gravità attraverso il vetro scuro, come se si chiedesse se ero abbastanza forte da sopportare una conversazione seria. Dopo aver deciso, cominciò senza convenevoli e io cominciai a capire che questo era il suo stile.

PARTE SECONDA

1

— Per quanto sia strano — disse — fu il mio benefattore, anziché la mia stessa condizione, a destare in me l'interesse sull'argomento della prigionia. Come forse è emerso dal mio racconto di ieri, lui era ossessionato dagli eventi che a quel tempo si svolgevano nella Germania nazista.

— Sì, lo avevo capito.

— Dalla storia di Kurt e Hans che mi hai raccontato ieri, immagino che tu sia uno studioso delle vicende del popolo tedesco sotto Adolf Hitler.

— Uno studioso? No, non esageriamo. Ho letto i libri più famosi, come le memorie di Speer, *L'ascesa e il declino del Terzo Reich* e così via, oltre a qualche saggio su Hitler.

— In tal caso sono certo che capirai che cosa il signor Sokolow si sforzava di dimostrarmi: che non erano solo gli ebrei a essere prigionieri sotto Hitler. L'intera nazione tedesca era prigioniera, compresi i suoi sostenitori più entusiasti. Alcuni erano decisamente contrari a quel che faceva, altri si adattavano come potevano, e molti ci credevano davvero... ma tutti erano prigionieri.

— Credo di capire che cosa intendi.

— Cos'è che li rendeva prigionieri?

— Be'... il terrore, immagino.

Ishmael scosse la testa. — Avrai visto i filmati di quelle adunate anteguerra, a cui partecipavano centinaia di migliaia di persone che cantavano e applaudivano. Non era il terrore che li portava a quelle feste di unità e di potenza.

— Giusto. Forse a quel tempo si trattava del carisma di Hitler.

— Aveva molto carisma, certo. Ma il carisma serve soltanto a catturare l'attenzione della gente. Una volta che la si è conquistata, bisogna avere qualcosa da dire. E che cosa aveva da dire Hitler al popolo tedesco?

Ci riflettei per qualche secondo, senza convinzione. — A parte la faccenda degli ebrei, non credo di avere nessuna risposta.

— Quello che aveva era una storia.

— Una storia?

— Una storia nella quale la razza ariana, e in particolare il popolo tedesco, era stata privata del posto che le spettava nel mondo, messa in catene, coperta di sputi, violentata e schiacciata nel fango dai meticci, dai comunisti e dagli ebrei. Una storia nella quale, sotto la guida di Adolf Hitler, la razza ariana avrebbe spezzato le sue catene, scatenato la vendetta sui suoi oppressori, purificato l'umanità da ogni contaminazione e assunto il posto che le spettava al comando delle altre razze.

— È vero.

— A te, adesso, può sembrare incredibile che qualcuno sia stato incantato da stupidaggini simili, ma dopo i due decenni di sofferenze e degradazioni seguiti alla Prima guerra mondiale, un simile appello era praticamente irresistibile per il popolo tedesco, e in più era rafforzato da un programma intensivo di educazione dei giovani e di rieducazione degli anziani, oltre che dai normali sistemi propagandistici.

— È vero.

— Come ho detto, molte persone in Germania si resero conto che questa *storia* era un evidente richiamo al mito. Ma ne erano catturate comunque perché la stragrande maggioranza la giudicava meravigliosa e non vedeva l'ora di immolarsi per farla diventare una realtà. Capisci che cosa intendo?

— Credo di sì. Anche chi non veniva catturato dalla storia in sé, veniva intrappolato dalle persone che lo circondavano. Come i capi di bestiame che si trovano trascinati dalla fuga di una mandria.

— Proprio così. Anche chi pensava che fosse una follia doveva recitare la sua parte, prendere il suo posto nella storia. L'unico modo di evitarlo era andarsene dalla Germania.

— È vero.

— Capisci perché ti dico queste cose?

— Credo di sì, ma non ne sono sicuro.

— Perché gli uomini e le donne della tua cultura si trovano in pratica nella stessa situazione: sono prigionieri di una storia, proprio come i tedeschi della Germania nazista.

Mi appoggiai allo schienale della sedia battendo le palpebre. — Io non so di nessuna storia — ribattei alla fine.

— Non ne hai mai sentito parlare?

— Appunto.

Ishmael annuì. — Non c'è bisogno di sentirne parlare. Non c'è bisogno di citarla o discuterla. Ciascuno di voi la conosce d'istinto dall'età di sei o sette anni. Neri o bianchi, maschi o femmine, ricchi o poveri, cristiani o ebrei, americani o russi, norvegesi o cinesi, tutti l'avete sentita. E continuate a sentirla senza posa, perché i mass media e le scuole ve la riversano addosso. E a forza di sentirla nessuno ci fa più caso. Non c'è *bisogno* di farci caso: ronza sempre in sottofondo, quindi non occorre nessuno sforzo di volontà. Anzi, all'inizio scoprirai che è difficile farci caso. È come il brontolio di un motore lontano che non si ferma mai: ben presto diventa un suono che non si riesce più a sentire.

— Molto interessante — dissi. — Ma anche difficile da credere.

Ishmael socchiuse gli occhi e fece un sorriso indulgente.

— Non c'è bisogno di credere. Una volta che la storia ti sarà nota la ritroverai ovunque nella tua cultura e ti sorprenderà scoprire che l'altra gente invece non la riconosca affatto, pur essendovi immersa.

2

— Ieri mi hai detto che avevi l'*impressione* di essere prigioniero. Questa impressione deriva dall'enorme pressione esercitata su di voi perché prendiate parte alla storia che la vostra cultura recita nel mondo... un posto qualunque. Questa pressione viene esercitata in modi diversissimi e a ogni livello, ma per lo più così: coloro che rifiutano di prendervi parte non vengono nutriti.

— Sì, hai ragione.

— Un tedesco che non fosse riuscito a convincersi a prendere parte alla storia di Hitler aveva un'alternativa: andarsene dalla Germania. Tu invece non hai nessuna alternativa. Dovunque tu vada, incontrerai la rappresentazione della stessa storia e se non vi partecipi non sarai nutrito.

— Già.

— Madre Cultura ti insegna che così dev'essere. A parte poche migliaia di selvaggi sparsi qua e là, oggi ogni persona sulla Terra prende parte a questa storia. L'uomo è *nato* per recitarla, questa storia, e non accettarla significa escludersi dalla razza umana, significa andare verso l'oblio. Il tuo posto è *qui*, in questa storia, tra quelli che spingono la ruota, e la ricompensa è il nutrimento. Non esiste nient'altro. Uscire da questa storia significa cadere oltre i confini del mondo: l'unica via d'uscita è la morte.

— Sembra davvero così.

Ishmael fece una pausa per riflettere. — Questa descrizione è solo un preambolo al nostro lavoro. Ho voluto dirtelo perché avessi almeno una vaga idea di ciò in cui ti stai avventurando. Una volta che avrai imparato a discernere la voce in sottofondo di Madre Cultura, che ripete senza soste la sua storia ai popoli della tua cultura, non potrai più evitare di riconoscerla. Dovunque andrai, per il resto della tua vita, avrai la tentazione di dire alla gente attorno a te: «Come fate ad ascoltare queste parole e non riconoscerle per quel che sono?» E se lo dirai, la gente ti guarderà storto e si chiederà di che diavolo stai parlando. In altre parole, se intraprenderai questo viaggio d'istruzione con me, diventerai un alieno tra la gente che ti circonda... amici, familiari, colleghi e così via.

— Io ci sto — dissi, e diedi il via a tutto il resto.

3

— La mia fantasia più sospirata e più irrealizzabile, è viaggiare per il mondo come fate voi, liberamente e senza problemi... scendere in strada e chiamare un taxi per farmi portare all'aeroporto, e volare a New York, a Londra o a Firenze. La maggior parte della mia fantasia consiste negli affascinanti preparativi per il viaggio, nel decidere che cosa dovrebbe accompagnarmi come bagaglio e che cosa potrebbe tranquillamente restare indietro. (Com'è ovvio, viaggerei alla maniera umana.) Se mi caricassi troppo, spostarmi da un punto all'altro diventerebbe faticoso; d'altra parte, se viaggiassi troppo leggero sarei continuamente costretto a interrompere il viaggio per procurarmi il necessario lungo la strada... e questo si rivelerebbe ancora più estenuante.

— Giusto — ribattei per pura cortesia.

— La giornata di oggi servirà allo stesso scopo: prepareremo i bagagli per il viaggio che stiamo per intraprendere. Io riporrò nella valigia alcune cose per non dovermi fermare a cercarle in seguito. Queste cose avranno per te ben poco significato, adesso; te le descriverò per sommi capi e poi le butterò nella valigia, in modo che tu le possa riconoscere in seguito quando le riprenderò.

— D'accordo.

— Per prima cosa i vocaboli. Assegniamo alcuni nomi per non dover continuare a parlare della "gente della vostra cultura" e della "gente delle altre culture". Ho usato vari nomi con i miei vari allievi, ma con te vorrei provarne due nuovi. Senza dubbio conosci l'espressione "Prendere o lasciare". Basandoti su questa frase fatta, le due parole *Prendi* e *Lascia* hanno per te una forte connotazione?

— Non capisco.

— Voglio dire che se chiamiamo un gruppo di persone "Prendi" e un altro gruppo "Lascia", hai l'impressione che uno dei due gruppi sia migliore dell'altro?

— No, mi sembrano definizioni piuttosto neutre.

— Molto bene. Allora, da adesso in poi, chiamerò "Prendi" la gente della vostra cultura e "Lascia" quella delle altre culture.

Io feci *mmm*, poi dissi: — C'è un problema.

— Parla.

— Non vedo come si possano inserire tutti gli esseri umani esistenti in due sole categorie.

— È la tua stessa cultura a farlo, anche se si serve di due termini carichi di preconcetti, a differenza di questi due relativamente neutri. Voi vi definite *civilizzati*, e definite tutti gli altri *primitivi*. Su questi termini sono tutti d'accordo, a Londra come a Parigi, a Baghdad come a Seul, a Detroit come a Buenos Aires o a Toronto... tutti sanno che, per quante siano le differenze, sono uniti dal fatto di essere *civilizzati* e ben lontani dagli esseri umani sparsi qua e là nel mondo che vivono ancora all'Età della Pietra; e tutti ritengono che,

41

quali che siano le differenze, i popoli dell'Età della Pietra sono altrettanto uniti dal fatto di essere *primitivi*.

— Sì, questo è vero.

— Ti sentiresti più a tuo agio se usassimo termini come "civilizzati" e "primitivi"?

— Sì, credo di sì, ma solo per questione d'abitudine. "Prendi" e "Lascia" vanno benissimo.

4

— Seconda cosa, la mappa. Quella ce l'ho io. Non devi imparare a memoria la strada. In altre parole, non preoccuparti se alla fine della giornata ti accorgerai all'improvviso che non riesci a ricordare una parola che ho detto. Non ha importanza. Sarà il viaggio in sé a cambiarti. Capisci che cosa intendo?

— Non ne sono sicuro.

Ishmael rifletté un attimo. — Ti darò un'idea generale di dove siamo diretti, dopo di che capirai.

— Okay.

— Madre Cultura, la cui voce ti risuona nelle orecchie da quando sei nato, ti ha fornito una spiegazione del *perché le cose sono andate così*. Tu la conosci benissimo, questa spiegazione, come la conosce chiunque sia immerso in questa cultura. Ma non ti è stata fornita in una sola lezione; nessuno si è seduto di fronte a te e ti ha detto: «Ecco perché le cose sono andate così, a partire da una decina di miliardi di anni fa fino a oggi». La spiegazione ha preso corpo a poco a poco, come un mosaico: milioni di piccole informazioni frammentarie ti sono state presentate in vari modi da persone che condividevano la stessa spiegazione. L'hai ricostruita basandoti sulle conversazioni dei tuoi genitori a tavola, dai cartoni animati che vedevi alla televisione, dalle lezioni di catechismo, dai libri di scuola e dagli insegnanti, dai giornali

42

radio, dai film, dai romanzi, dalle prediche, dalle commedie, dai quotidiani e così via. Mi segui?

— Credo di sì.

— Questa spiegazione del *perché le cose sono andate così* è ambientale nella vostra cultura: tutti la conoscono e tutti l'accettano senza fare domande.

— D'accordo.

— E quando avremo finito, avrai una percezione completamente nuova del mondo e di ciò che è accaduto. E per te non avrà importanza ricordare come saremo arrivati a questa percezione. Sarà il viaggio in sé a cambiarti, quindi non devi preoccuparti di memorizzare il percorso che ci condurrà al cambiamento.

— Va bene. Ho capito.

5

— Terza cosa — disse — le definizioni. Esistono alcune parole che acquisteranno un significato particolare nel nostro discorso. Prima definizione: la *storia*. Una storia è uno scenario che comprende gli uomini, il mondo, gli dèi e le loro reciproche relazioni.

— D'accordo.

— Seconda definizione: *recitare*. Recitare una storia significa vivere come se la storia fosse reale. In altre parole, recitare una storia significa sforzarsi di renderla vera. Ti renderai conto che è proprio così che si comportava il popolo tedesco ai tempi di Hitler. Tentavano di trasformare in realtà il Reich dei Mille Anni. Tentavano di rendere vera la storia che lui raccontava.

— Giusto.

— Terza definizione: *cultura*. Una cultura è un popolo che recita una storia.

— Un popolo che recita una storia. Invece una storia era...?

— Uno scenario che comprende gli uomini, il mondo, gli dèi e le loro reciproche relazioni.

— Va bene. Quindi vorresti dire che la gente della mia cultura sta recitando una propria personale storia che riguarda l'uomo, il mondo e gli dèi.

— Esatto.

— Ma ancora non ho capito che tipo di storia.

— Lo capirai, non avere fretta. Per il momento, tutto ciò che devi sapere è che da quando esiste l'uomo sono state recitate due storie fondamentalmente diverse. Una cominciò a essere recitata circa due o tre milioni di anni fa dalle persone che abbiamo convenuto di chiamare Lascia, e viene recitata ancora oggi con lo stesso successo di sempre. L'altra cominciò a essere recitata circa diecimila anni fa dalle persone che abbiamo convenuto di chiamare Prendi, ed è evidentemente sul punto di concludersi in una catastrofe.

— Ah — dissi, intendendo chissà cosa.

6

— Se Madre Cultura dovesse fornire un resoconto della storia umana in questi termini, direbbe qualcosa del genere: «I Lascia erano il primo capitolo della storia umana, un capitolo lungo e poco movimentato, che ebbe termine circa diecimila anni fa con la nascita dell'agricoltura nel Vicino Oriente. Questo evento segnò l'inizio del secondo capitolo, quello dei Prendi. È vero che nel mondo esistono ancora molti Lascia, ma sono degli anacronismi, dei fossili... popoli che vivono nel passato, che non si rendono conto che il loro capitolo nella storia umana si è concluso.

— Giusto.

— Questa a grandi linee è la descrizione della storia umana così come la percepisce la vostra cultura.

— Mi sembra giusto.

— Come scoprirai, ciò che sostengo è molto diverso. I Lascia non sono affatto il primo capitolo di una storia nella quale il secondo sono i Prendi.

— Vuoi ripetere?

— Lo dirò in modo diverso. I Lascia e i Prendi recitano due storie separate, basate su premesse completamente diverse e contraddittorie. Ma questo lo discuteremo in seguito, quindi non devi preoccuparti di capirlo alla perfezione adesso.

— Okay.

7

Ishmael si grattò una mascella con aria meditabonda. Dalla mia parte del vetro il gesto non fu accompagnato da alcun rumore, ma nella mia immaginazione sembrava una pala affondata nella ghiaia.

— Credo che le nostre valigie siano pronte. Come ho detto, non mi aspetto che tu ricordi tutto ciò in cui ti ho trascinato oggi. Quando te ne andrai, probabilmente le nozioni si rimescoleranno come in un gran calderone.

— Lo credo anch'io — dissi con sincerità.

— Ma è giusto che sia così. Quando domani tirerò fuori dalla valigia ciò che vi ho messo oggi, lo riconoscerai all'istante, ed è questo che conta.

— Okay. Mi fa piacere sentirtelo dire.

— Oggi l'incontro sarà breve. Il viaggio vero e proprio comincia domani; nel frattempo puoi passare il resto della giornata a sforzarti di capire qual è la storia che la vostra cultura ha recitato negli ultimi diecimila anni. Ricordi che cosa riguarda?

— Cosa riguarda?

45

— Riguarda il significato del mondo, le intenzioni degli dèi e il destino dell'umanità.

— Be', potrei raccontartene parecchie di storie su questi argomenti, ma non conosco nessuna storia *unica*.

— È l'unica storia che tutti, nella vostra cultura, conoscete e accettate.

— Temo che questa precisazione non mi aiuti granché.

— Forse ti aiuterà sapere che si tratta di una storia *che spiega*, del tipo "Come fu che all'elefante crebbe la proboscide" oppure "Come fu che al leopardo spuntarono le macchie".

— Okay.

— E che cosa spiega, secondo te, la vostra storia?

— Non ne ho la minima idea.

— La risposta dovrebbe essere evidente, da quel che ti ho detto. Spiega *perché le cose sono andate così*. Dall'inizio a oggi.

— Capisco — dissi, e fissai per un po' la finestra. — Una cosa certa è che non so di conoscere una simile storia. *Molte* storie sì, come ho già detto, ma niente di simile a una storia unica.

Ishmael rifletté per un paio di minuti. — Uno degli allievi di cui ho parlato ieri, una ragazza, si sentì obbligata a spiegarmi qual era l'oggetto della sua ricerca; mi disse: «Com'è che nessuno si emoziona mai? Alla lavanderia automatica sento la gente chiacchierare della fine del mondo, ma senza emozione... come se parlassero di detersivi. La gente discute del buco nell'ozono e dell'estinzione della vita sulla Terra. Parla della distruzione della foresta pluviale e dell'inquinamento che resterà con noi per migliaia o per milioni di anni, della scomparsa di decine di specie animali ogni giorno, addirittura della fine di ogni specie animale. E sembrano tranquillissimi.»

"Io le risposi: «È questo allora, che vuoi sapere? Perché la gente non prova emozione quando parla della distruzione del mondo?» Lei ci pensò un po' e rispose: «No, lo so perché non si emozionano. È perché credono a quel che gli viene detto.»"

— E con ciò? — replicai io.

— Che cosa viene detto alla gente per impedirle di emozionarsi, per tenerla relativamente tranquilla anche quando si rende conto del catastrofico danno che viene inflitto al pianeta?

— Non saprei.

— Viene raccontata una storia "che spiega". Viene fornita una spiegazione del *perché le cose sono andate così*, e questo impedisce alla gente di allarmarsi. La spiegazione copre tutto, dal deterioramento dello strato d'ozono all'inquinamento degli oceani, dalla distruzione delle foreste pluviali alla stessa estinzione dell'umanità... e si dimostra soddisfacente. O forse sarebbe più giusto dire che si dimostra *tranquillizzante*. Così tutti si adattano al giogo durante il giorno, si intontiscono con le droghe o la televisione durante la notte e cercano di non pensare troppo al mondo con cui i loro figli dovranno vedersela.

— Proprio così.

— Anche a te come agli altri è stata fornita la spiegazione del *perché le cose sono andate così*, ma evidentemente non ti soddisfa. La senti ripetere da quando eri bambino, ma non riesci a mandarla giù. Percepisci che qualcosa è stato lasciato fuori, reso plausibile in modo forzato. Hai la sensazione che ti abbiano mentito su un punto e ti piacerebbe sapere quale, se possibile... ed è precisamente questo il motivo per cui ti trovi in questa stanza.

— Fammi capire. Vuoi dire che questa "storia che spiega" contiene le bugie di cui parlavo nel saggio su Kurt e Hans?

— Proprio così.

— Mi confondi le idee. Io non so di nessuna storia. Nessuna storia *unica*.

— È una storia unica e coerente. Devi solo pensare mitologicamente.

— In che senso?

— Parlo della mitologia della vostra cultura, naturalmente. Credevo che fosse ovvio.

— A me non sembra ovvio per niente.

— Ogni storia che spieghi il significato del mondo, le intenzioni degli dèi e il destino dell'umanità diventa necessariamente mitologia.

— Sarà senz'altro così, ma a me non risulta, neanche alla lontana. Per quello che so io, non c'è niente di mitologico nella nostra cultura, a meno che tu non intenda gli antichi greci o i vichinghi o cose simili.

— Io parlo di mitologia *moderna*. Non quella dei libri, ma quella che esiste nel cervello della gente della vostra cultura, e che viene recitata in tutto il mondo anche mentre stiamo qui seduti a parlarne.

— Te lo ripeto: per quel che ne so, non esiste niente di simile nella nostra cultura.

Ishmael corrugò la fronte pelosa e sfuggente, lanciandomi uno sguardo divertito ed esasperato. — Lo dici perché pensi che la mitologia sia un'accozzaglia di favole assurde. Gli antichi greci non pensavano affatto alla loro mitologia in questo senso. Riflettici. Se ti rivolgessi a un uomo della Grecia di Omero e gli chiedessi quali favole assurde racconta ai suoi figli a proposito degli dèi e degli eroi del passato, lui non capirebbe di che cosa parli. Ripeterebbe le tue stesse parole: «Per quel che ne so, non esiste niente di simile nella nostra cultura». E un vichingo direbbe lo stesso.

— D'accordo. Ma questo non è di grande aiuto.

— Va bene. Allora riportiamo il tuo incarico a una dimensione più modesta. Questa storia, come ogni altra, ha un inizio, un centro e una fine. E ciascuna di queste tre parti costituisce una storia di per sé. Prima del nostro incontro di domani, cerca di individuare l'inizio della storia.

— L'inizio della storia.

— Sì. Devi pensare in modo... antropologico.

Scoppiai a ridere. — E questo che vuol dire?

— Se tu fossi un antropologo alla ricerca della storia recitata dagli aborigeni australiani Alawa, ti aspetteresti che la loro storia avesse un inizio, un centro e una fine.

— D'accordo.

— E che inizio ti aspetteresti, per la loro storia?

— Non ne ho idea.

— Ma certo che ce l'hai. Stai facendo il finto tonto.

Restai lì per qualche secondo, cercando di smettere di fare il finto tonto. — Va bene — dissi alla fine. — Probabilmente mi aspetterei che fosse il loro mito della creazione.

— Ma certo.

— Ma non capisco che cosa c'entri.

— Allora te lo dirò chiaro chiaro. Devi cercare il mito della creazione nella vostra cultura.

Lo fissai indignato. — Noi non abbiamo nessun *mito* sulla creazione — esclamai. — Abbiamo conoscenze scientifiche.

PARTE TERZA

1

— Che cos'è? — dissi quando arrivai la mattina seguente. Mi riferivo a un oggetto appoggiato sul bracciolo della sedia.

— A te che cosa sembra?

— Un registratore.

— E lo è.

— Volevo dire, a che serve?

— Serve per registrare, a beneficio dei posteri, il buffo racconto popolare che tu mi esporrai, di una cultura condannata.

Scoppiai a ridere e mi sedetti. — Temo di non avere nessun buffo racconto popolare da esporti.

— Il mio suggerimento di cercare un mito sulla creazione non ha dato frutti?

— Noi non abbiamo nessun mito creazionistico — ripetei. — A meno che tu non ti riferisca a quello della Genesi.

— Non dire sciocchezze. Se una scuola media ti invitasse a tenere una lezione su come tutto ebbe inizio, tu leggeresti alla classe il primo capitolo della Genesi?

— No di certo.

— Allora che tipo di spiegazione daresti?

— Una che non sarebbe certo un mito!

— È ovvio che non la considereresti un mito. Nessuna storia sulla creazione è un mito per chi la racconta. È semplicemente *la* storia.

— D'accordo. Ma la storia di cui parlo io non è comunque un mito. Per alcuni aspetti è ancora in discussione, credo, e immagino che ulteriori ricerche potrebbero portare a qualche aggiustamento, ma di sicuro non è un mito.

— Accendi il registratore e comincia. Dopo lo capiremo.

Gli lanciai uno sguardo di rimprovero. — Intendi dire che davvero vuoi che io... ehm...

— Che mi racconti la storia, sì.

— Non posso ridurla a due parole. Ci vuole parecchio per metterla insieme.

— Abbiamo un mucchio di tempo. È un nastro da novanta minuti.

Io sospirai, accesi il registratore e chiusi gli occhi.

2

— L'inizio risale a molto tempo fa, dieci o quindici miliardi di anni — cominciai dopo qualche minuto. — Non sono sicuro di quale sia la teoria preferita oggi, lo stato stazionario o il big bang, ma in ogni caso l'universo cominciò molto tempo fa.

A quel punto riaprii gli occhi e lanciai a Ishmael uno sguardo interrogativo.

Lui me lo restituì e disse: — È finita? È tutta qui la storia?

— No, volevo solo controllare una cosa. — Chiusi gli occhi e ripresi. — In seguito... non so bene quando, credo sei o sette miliardi di anni fa... nacque il nostro sistema solare. Ho un'immagine, da un'enciclopedia che avevo da piccolo, di bolle che vengono scagliate fuori e che si rapprendono per formare i pianeti. In un paio di miliardi di anni i pianeti

51

si raffreddarono e si solidificarono. Dunque... nel brodo chimico dell'oceano primordiale la vita apparve più o meno... cinque miliardi di anni fa?

— Tre e mezzo, o quattro.

— Okay. Batteri e microrganismi si evolvettero in forme di vita più avanzate, più complesse, che a loro volta cedettero il passo a specie ancora più complesse. A poco a poco la vita giunse anche sulla terraferma. Non so... esseri informi sulle rive degli oceani... anfibi. Gli anfibi si spostarono sulla terraferma ed evolvendosi divennero rettili. Dai rettili si svilupparono i mammiferi. Questo quando fu? Un miliardo di anni fa?

— Soltanto duecentocinquanta milioni di anni fa.

— Okay. Comunque i mammiferi... non so... piccoli roditori in tane sotterranee, tra i cespugli, sugli alberi... Dai roditori sugli alberi vennero i primati. E dopo, non so... forse dieci milioni di anni fa, una razza di primati scese dagli alberi e... — Cominciai a perdere il filo.

— Questo non è un esame — disse Ishmael. — Basteranno le linee generali per ricostruire la storia conosciuta da tutti... come la racconterebbero un tassista, un contadino o un senatore.

— Okay — dissi, e tornai a chiudere gli occhi. — Okay. Allora, da cosa nacque cosa, a una specie ne seguì un'altra e alla fine apparve l'uomo. Quando? Tre milioni di anni fa?

— Tre mi sembra ragionevole.

— Okay.

— È tutto?

— A grandi linee sì.

— La storia della creazione così come la racconta la tua cultura.

— Appunto. Nei limiti delle attuali conoscenze.

Ishmael annuì e mi disse di spegnere il registratore; poi si sedette emettendo un sospiro che rombò attraverso il vetro come un vulcano distante. Incrociò le mani al centro dell'addome e mi diede una lunga occhiata imperscrutabile. — E tu, un uomo intelligente e discretamente istruito, vorresti farmi credere che questo non è un mito.

— Che cos'ha, di mitologico?

— Non ho detto che *abbia* qualcosa di mitologico. Ho detto che *è* un mito.

A quel punto penso di essere scoppiato in una risatina nervosa. — Forse non mi è chiaro che cosa intendi per mito.

— Niente di diverso da quello che intendi tu. Questa parola la uso nel senso più comune.

— Allora non è un mito.

— Ma certo che lo è. Ascolta tu stesso. — Ishmael mi disse di riavvolgere il nastro e di far partire la registrazione.

Dopo averla ascoltata rimasi seduto a riflettere per un paio di minuti, tanto per salvare le apparenze. Poi dissi: — Non è un mito. Potresti metterlo in un testo di scuola media e dubito che qualunque comitato scolastico avrebbe qualcosa da ridire... a parte i creazionisti.

— Sono d'accordo in tutto e per tutto. Non ho forse detto che questa storia è ambientale, nella vostra cultura? I bambini la ricostruiscono attingendo a varie fonti, compresi i libri di scienze.

— Dove vuoi arrivare? Stai cercando di dire che questo resoconto non è un dato di fatto?

— È pieno di fatti, certo, ma la loro concatenazione è senza dubbio mitologica.

— Non capisco di che cosa parli.

— È evidente che hai spento il cervello. Madre Cultura ti ha addormentato con le sue ninnananne.

Gli lanciai uno sguardo torvo. — Intendi dire che l'evoluzione è un mito?

— No.

— Intendi dire che l'uomo non si è evoluto?

— No.

— Allora cosa?

Ishmael mi guardò sorridendo. Poi scrollò le spalle e inarcò le sopracciglia.

Lo scrutai e pensai: "Il mio insegnante è un gorilla", ma non servì a molto.

— Fallo andare ancora — disse.

Quando il resoconto arrivò di nuovo alla fine. — Okay, ho sentito una cosa, la parola *apparve*. Ho detto che alla fine *apparve* l'uomo. Si tratta di questo?

— No, sei fuori strada. Non voglio disquisire sulle parole. È chiaro che in questo contesto la parola *apparve* è solo un sinonimo di si *evolse*.

— Allora che diavolo è?

— Davvero non ci stai pensando, temo. Hai recitato una storia che avevi sentito migliaia di volte, e adesso presti ascolto a Madre Cultura che ti sussurra in un orecchio: «Su, su, figlio mio, non c'è niente da pensare, niente da temere, sta' tranquillo, non dare retta a quel cattivo animale, questo non è un mito, niente di quello che dico è un mito, quindi non c'è niente da pensare, niente da temere, è meglio ascoltare la mia voce e dormire, dormire, dormire...»

Mi mordicchiai un labbro e poi dissi: — Questo non è molto utile.

— Va bene — ribatté lui. — Te la racconterò io una storia che forse sarà utile. — Masticò per qualche istante il suo rametto fronzuto, chiuse gli occhi e cominciò.

3

Questa storia (raccontò Ishmael) si svolge mezzo miliardo di anni fa... un tempo inconcepibilmente lungo, quando il pianeta sarebbe stato del tutto irriconoscibile per te. Niente si muoveva sulla terra, se non il vento e la polvere. Nessuna foglia d'erba ondeggiava al vento, nessun grillo cantava, nessun uccello si librava nel cielo. Tutto ciò era lontano decine di milioni di anni nel futuro. Persino i mari erano paurosamente silenziosi e tranquilli, perché anche loro erano lontani decine di milioni di anni nel futuro.

Ma ovviamente c'era un antropologo a disposizione. Che razza di mondo sarebbe stato senza un antropologo? Ma era comunque un antropologo molto depresso e disilluso perché aveva girato in lungo e in largo il pianeta alla ricerca di qualcuno da interrogare, e invece i nastri che aveva portato con sé nello zaino erano vuoti come il cielo. Ma un giorno, mentre vagava senza speranza sulle rive dell'oceano, vide nei bassi fondali al largo qualcosa che sembrava una creatura vivente.

Niente di cui emozionarsi, soltanto una specie di forma gelatinosa, ma era l'unico possibile candidato che avesse trovato dopo tutto quel viaggiare. Così avanzò a fatica nell'acqua fino al punto in cui galleggiava la creatura.

La salutò educatamente e quella ricambiò il saluto, e ben presto divennero amici. L'antropologo spiegò come meglio poteva di essere uno studioso degli altrui stili e costumi di vita, e pregò il suo nuovo amico di fornirgli qualche informazione. Fu prontamente esaudito. «E adesso» disse alla fine, «mi piacerebbe registrare alcune delle vostre storie, raccontate con parole tue».

«Storie?» ribatté l'altro.

«Ma sì, per esempio il vostro mito creazionistico, se ce l'avete.»

«Che cos'è un mito creazionistico?» domandò la creatura.

«Be'...» replicò l'antropologo, «quelle storie fantastiche che raccontate ai vostri figli sull'origine del mondo».

A quest'uscita, la creatura si erse indignata... per quanto è possibile a una forma gelatinosa... e ribatté che la sua gente non aveva nessuna storia fantastica simile.

«Allora non avete nessuna spiegazione della creazione?»

«Certo che ce l'abbiamo» sbottò l'altro. «Ma non si tratta affatto di un *mito*!»

«Oh, certo che no» disse l'antropologo, ricordando finalmente il suo addestramento. «Ti sarei molto grato se me la facessi conoscere.»

«Va bene» replicò la creatura. «Ma vorrei che ti rendessi conto che noi, come te, siamo un popolo assolutamente razionale, che non accetta nulla che non sia basato sull'osservazione, la logica e il metodo scientifico.»

«Certo, certo» concordò l'antropologo.

Così la creatura cominciò finalmente a raccontare la sua storia. «L'universo» disse «si formò molto tempo fa, più o meno una decina di miliardi di anni fa. Il nostro sistema solare... questa stella, questo pianeta e gli altri... nacque due o tre miliardi di anni fa. Per molto tempo non esistette nessun essere vivente, finché dopo un altro miliardo di anni apparve la vita.»

«Scusa» disse l'antropologo. «Tu dici che la vita "apparve"; ma dove si verificò questo evento, secondo il vostro mito... voglio dire, secondo le vostre ricerche scientifiche?»

La creatura sembrò confusa dalla domanda e assunse un color lavanda pallido. «Vuoi sapere in quale punto preciso?»

«No. Intendevo dire se accadde sulla terraferma o nel mare.»

«Terraferma?» chiese l'altro. «Che cos'è la terraferma?»

«Be', sai» rispose l'antropologo, indicando la riva, «quella distesa di rocce e terreno che comincia laggiù».

Il color lavanda della creatura divenne più intenso. «Non capisco di che vai cianciando» disse. «Le rocce e il terreno laggiù sono semplicemente il margine di quel vasto catino che contiene l'oceano.»

«Ah, già» disse l'antropologo. «Capisco, certo. Vai avanti.»

«Benissimo» disse l'altro. «Per milioni di secoli la vita nel mondo consistette solo di semplici microrganismi che fluttuavano nel brodo chimico. Ma, a poco a poco, apparvero organismi più complessi: creature multicellulari, alghe, polipi e così via.»

A questo punto la creatura divenne rosa per l'orgoglio, arrivata finalmente al *clou* della sua storia. «E alla fine apparve *la medusa*.»

4

Per almeno novanta secondi da me non vennero altro che ondate di rabbia e imbarazzo. Alla fine esclamai: — Non è giusto!

— In che senso?

— Non lo so in che senso! In qualche modo sei arrivato a dimostrare qualcosa, ma non capisco cosa.

— Davvero?

— Già, davvero.

— Che cosa intendeva dire la medusa con le parole: «E alla fine apparve la medusa»?

— Voleva dire... che quello era il punto d'arrivo finale. Ciò a cui puntavano i dieci miliardi di anni trascorsi dalla creazione: la medusa.

— Appunto. E perché il tuo resoconto della creazione non si conclude con l'apparizione della medusa?

Io feci una risatina. — Perché c'è stato molto di più, dopo la medusa.

— È vero. La creazione non si è conclusa con la medusa. Dovevano ancora arrivare gli anfibi, i rettili, i vertebrati, i mammiferi e infine, ovviamente, l'uomo.

— Già.

— E per questo il tuo resoconto della creazione finisce con le parole: «E alla fine apparve l'uomo».

— Sì.

— Il che significa...?

— Significa che non ci sarà nient'altro in futuro. Significa che la creazione è arrivata alla fine.

— Questo era ciò a cui tutto tendeva.

— Sì.

— È ovvio. Lo sanno tutti, nella vostra cultura. La punta della piramide è l'uomo. L'uomo è il *clou* di tutta quell'immensa rappresentazione cosmica che è la creazione.

— Sì.

— Quando alla fine apparve l'uomo, la creazione si concluse perché aveva raggiunto il suo obiettivo. Non esisteva nient'altro da creare.

— Già, questo sembra che sia il sottinteso.

— Non sempre è sottinteso. Nella vostra cultura la religione non ha peli sulla lingua. L'uomo è il prodotto finale della creazione; è l'essere per il quale è stato creato tutto il resto: il mondo, il sistema solare, la galassia e l'universo stesso.

— È vero.

— Lo sanno tutti, nella vostra cultura: il mondo non è stato creato per la medusa o per il salmone o per l'iguana o per il gorilla. È stato creato per l'uomo.

— Hai ragione.

Ishmael mi fissò con occhio sardonico. — E questa non sarebbe mitologia?

— Be'... i fatti sono fatti.

— Senza dubbio. I fatti sono fatti, anche quando sono incorporati in una mitologia. Ma tutto il resto? L'intero processo cosmico si è davvero concluso tre milioni di anni fa, su questo piccolo pianeta, con l'apparizione dell'uomo?

— No.

— Allora si è interrotto il processo di creazione planetario, tre milioni di anni fa quando è apparso l'uomo? Forse l'evoluzione si è fermata di colpo solo perché è arrivato l'uomo?

— No di certo.

— Allora perché l'hai raccontata così?

— Forse perché è così che si dice di solito.

— Così si dice tra i Prendi. Ma di sicuro non è l'unico modo di raccontarla.

— D'accordo, adesso capisco. Tu come la racconteresti?

Il gorilla fece un cenno d'assenso rivolto alla finestra sull'esterno. — Vedi la pur minima prova, da qualche parte nell'universo, che la creazione sia terminata con la comparsa dell'uomo? Vedi la pur minima prova che l'uomo sia l'estremo punto d'arrivo a cui puntava tutta la creazione fin dall'inizio?

— No. Non riesco neanche a immaginare una simile prova.

— Questo dovrebbe essere ovvio. Se gli astrofisici riferissero che i processi fondamentali dell'universo si sono interrotti cinque miliardi di anni fa, quando comparve il nostro sistema solare, ci sarebbe un discreto conforto scientifico all'idea dell'uomo come punto d'arrivo.

— Sì, capisco cosa intendi.

— O se i biologi e i paleontologi riferissero che la comparsa di nuove specie si è interrotta tre milioni di anni fa, anche questo sarebbe un ottimo appoggio.

— Sì.

— Ma tu sai bene che nessuna di queste eventualità si è verificata. Al contrario. L'universo procede proprio come prima, e anche il pianeta. La comparsa dell'uomo non ha provocato più sensazione della comparsa della medusa.

— È vero.

Ishmael accennò al registratore. — E allora che cosa possiamo dire della storia che hai raccontato?

Io feci un sorriso stentato. — È un mito. Sembra incredibile, ma è un mito.

5

— Ieri ti ho detto che la storia recitata dalla vostra cultura riguarda il significato del mondo, le intenzioni degli dèi e il destino dell'umanità.

— Sì.

— E basandoci su questa prima parte della storia, qual è il significato del mondo?

Riflettei per alcuni secondi. — Non mi sembra che lo spieghi per niente, il significato del mondo.

— Verso la metà del tuo racconto, l'attenzione si sposta dall'universo intero a questo pianeta. Perché?

— Perché questo pianeta era destinato a essere la culla dell'umanità.

— Certo. Dal tuo racconto è evidente che la nascita dell'uomo era un evento fondamentale, anzi, *l'evento*, nella storia del cosmo. Dalla nascita dell'uomo in poi, il resto dell'universo smette di avere importanza, smette di partecipare alla rappresentazione in atto. A questo scopo basta la Terra: è il luogo d'origine e la casa dell'uomo, e questo è il suo significato. I Prendi guardano al mondo come a un sistema di supporto vitale per l'umanità, come a una macchina progettata per generare e dare sostentamento alla vita umana.

— Sì, è vero.

— Nella tua narrazione hai omesso ovviamente ogni riferimento agli dèi, perché non volevi sporcarti con la mitologia. Ma dato che adesso abbiamo messo in luce il carattere mitologico di questa storia, non te ne devi più preoccupare. Supponiamo che esista un agente divino dietro la creazione: che cosa puoi dirmi delle intenzioni degli dèi?

— Be'… che quel che avevano in mente fin dall'inizio era l'umanità. Hanno creato l'universo perché potesse trovarvi posto la nostra galassia. Dentro la galassia hanno collocato il nostro sistema solare. Il nostro sistema solare doveva esistere perché vi potesse stare il nostro pianeta. E hanno dato vita al nostro pianeta perché noi potessimo abitarlo. Tutto è stato predisposto perché l'uomo avesse un brandello di terra su cui esistere.

— E questo è il punto di vista della vostra cultura... o almeno di coloro che considerano l'universo un'espressione della volontà divina.

— Sì.

— Di conseguenza, dato che l'universo è stato creato soltanto per rendere possibile la creazione dell'uomo, l'uomo dev'essere enormemente importante per gli dèi. Ma questa parte della storia non fornisce alcun indizio sulle loro intenzioni nei suoi confronti. Per quanto dovessero avere in mente un destino speciale per l'uomo, qui non si scopre quale.

— È vero.

6

— Ogni storia si basa su una premessa, anzi, *emerge* da una premessa. Dato che sei uno scrittore sono sicuro che mi capirai.

— Certo.

— Questa la riconoscerai certamente: due ragazzi, figli di famiglie rivali, si innamorano.

— È ovvio: Giulietta e Romeo.

— Anche la storia recitata dai Prendi ha una premessa, che è inclusa nella parte che hai raccontato oggi. Prova a riconoscere qual è.

Chiusi gli occhi e feci finta di riflettere intensamente, mentre in realtà non avevo speranze di trovare una risposta.

— Ho paura di non arrivarci.

61

— La storia recitata dai Lascia ha premesse completamente diverse, e in questa fase ti sarebbe impossibile scoprirle. Ma dovresti riuscire a individuare almeno le premesse della *tua* storia. Si tratta di un concetto molto semplice, il più potente nell'intera storia dell'umanità. Non necessariamente il più vantaggioso, ma di certo il più potente. Tutta la vostra storia, con le sue meraviglie e le sue catastrofi, emerge da questa premessa.

— Sul serio, non capisco dove vuoi arrivare.

— Rifletti... Il mondo non è certo stato creato per la medusa, giusto?

— Giusto.

— Non è stato certo creato per le rane, né per le lucertole, né per i conigli.

— No.

— Certo che no. Il mondo è stato creato per l'uomo.

— Fin qui ci sono.

— Lo sanno tutti nella vostra cultura. Perfino gli atei che non credono a nessun dio sanno che il mondo è stato creato per l'uomo.

— D'accordo.

— Bene. Ecco dunque qual è la premessa della vostra storia: *il mondo è stato creato per l'uomo.*

— Non ci arrivo. Cioè, non vedo in che senso questa si possa considerare una premessa.

— È stata la vostra cultura a trasformarla in una premessa, a prenderla come premessa. Ha detto: *e se* il mondo fosse stato creato per noi?

— Va bene. Continua.

— Rifletti sulle conseguenze di una premessa come questa: se il mondo fosse stato creato per voi, allora... *cosa?*

— D'accordo, credo di avere capito. Se il mondo fosse stato creato per noi, allora vorrebbe dire che ci appartiene e dunque potremmo farne quel che vogliamo.

— Esatto. Ed è appunto ciò che è successo negli ultimi diecimila anni: avete fatto del mondo quel che volevate. E naturalmente eravate convinti di essere nel giusto, perché *vi apparteneva!*

— Già — dissi, interrompendomi un attimo per riflettere.

— In effetti è davvero strano. Cioè, si sente dire cento volte al giorno: tutti parlano del *nostro* ambiente, dei *nostri* mari, del *nostro* sistema solare. Ho sentito perfino qualcuno parlare dei *nostri* animali selvaggi.

— Eppure solo ieri dichiaravi con la massima sicurezza che nella vostra cultura non esisteva niente che assomigliasse neanche lontanamente al mito.

— Hai ragione. — Ishmael mi fissò con aria truce. — Sbagliavo — dissi. — Cos'altro vuoi da me?

— Lo sbalordimento — rispose.

Annuii. — Sono sbalordito, certo. Solo che non lo do a vedere.

— Avrei dovuto trovarti quando avevi diciassette anni.

Scrollai le spalle, come per dire che sarebbe piaciuto anche a me.

7

— Ieri ti ho detto che la vostra storia fornisce una spiegazione del *perché le cose sono andate così.*

— Sì.

— In che modo questa prima parte contribuisce alla spiegazione?

— Cioè vuoi sapere in che modo contribuisce a spiegare perché le cose sono andate così?

— Esatto.

— Sinceramente, mi sembra che non contribuisca per niente.

— Rifletti. Le cose sarebbero andate così se il mondo fosse stato creato per la medusa?

— No di certo.

— Infatti. Se il mondo fosse stato creato per la medusa, le cose sarebbero andate in tutt'altro modo.

— Giusto. Però non è stato creato per la medusa ma per l'uomo.

— E questo spiega, almeno in parte, *perché le cose sono andate così*.

— Già. È un modo come un altro di scaricare ogni colpa sugli dèi. Se avessero creato il mondo per la medusa, allora niente di tutto ciò sarebbe accaduto.

— Appunto — confermò Ishmael. — Cominci ad afferrare il concetto.

8

— Adesso intuisci dove potresti cercare le altre due parti della storia... il centro e la fine?

Ci pensai per un po'. — Credo che dovrei guardarmi *Quark*.

— Perché?

— Direi che se *Quark* raccontasse la storia della creazione, la mia esposizione di oggi sarebbe la scaletta. Dovrei solo capire come descriverebbero il resto.

— Allora questo sarà il tuo prossimo compito. Domani mi racconterai il centro della storia.

PARTE QUARTA

1

— Va bene — dissi. — Credo di avere scovato il centro e la fine della storia.

Ishmael annuì e io feci partire il registratore.

— Quel che ho fatto è stato partire dalla premessa "il mondo è stato creato per l'uomo". Poi mi sono chiesto come l'avrei scritta, la storia, se si fosse trattato del copione per una puntata di *Quark*. Ecco il risultato:

"Il mondo è stato creato per l'uomo, ma c'è voluto un tempo lunghissimo per afferrare un tale concetto. Per quasi tre milioni di anni l'uomo è vissuto come se il mondo fosse stato creato per le meduse. Cioè come se anche lui fosse un animale, come i leoni o le gazzelle."

— Che cosa significa esattamente vivere come i leoni o le gazzelle?

— Significa... vivere alla mercè del mondo, senza avere alcun controllo sul proprio ambiente.

— Capisco. Continua.

— D'accordo. In una situazione simile, l'uomo non poteva essere realmente umano. Non poteva sviluppare un modo di vivere realmente umano... cioè *riconoscibile* come umano. Di conseguenza, in tutta la prima parte della sua esistenza... ovvero per la maggior parte della sua esistenza... l'uomo sprecò il suo tempo senza combinare niente.

"Come al solito c'era un problema di fondo da risolvere, e ci ho messo parecchio tempo a capire quale fosse. L'uomo non avrebbe combinato niente se fosse vissuto come i leoni o le gazzelle, perché i leoni e le gazzelle... Insomma, per realizzare qualcosa l'uomo doveva stabilirsi da qualche parte dove potersi mettere al lavoro, per così dire. Voglio dire che sarebbe stato impossibile spingersi oltre un certo livello vivendo come cacciatore-raccoglitore, spostandosi continuamente da un posto all'altro in cerca di cibo. Per superare questo livello doveva fermarsi, stabilire una base dalla quale iniziare a dominare il suo ambiente.

"Be', perché no? Voglio dire, che cosa glielo impediva? Glielo impediva il fatto che se si fermava nello stesso posto per più di qualche settimana, moriva di fame. I cacciatori-raccoglitori ripulivano completamente il posto, finché non rimaneva più niente da cacciare o raccogliere. Per arrivare ad avere insediamenti fissi l'uomo doveva prima apprendere una fondamentale forma di manipolazione. Doveva imparare a modificare l'ambiente in modo che il cibo non si esaurisse... far sì che producesse *più cibo umano*. In altre parole, doveva diventare un agricoltore.

"Questa fu la svolta. Il mondo era destinato a lui, ma l'uomo non era in grado di prenderne possesso finché non toglieva di mezzo questo problema. E finalmente lo tolse di mezzo, circa diecimila anni fa, nella Mezzaluna fertile. Fu un grande momento, il più grande della storia umana fino ad allora. L'uomo era finalmente libero da tutte le catene che... dai vincoli della vita dei cacciatori-raccoglitori, che lo avevano tenuto in stallo per tre milioni di anni. Con l'agricoltura questi limiti svanirono, e l'ascesa umana fu fulminea. Gli insediamenti stabili comportarono la divisione del lavoro. Questa diede origine alla tecnologia. Con la nascita della tecnologia comparvero gli scambi e i commerci. Contemporaneamente al commercio sorsero la matematica, la letteratura, la scienza e così via. Finalmente la via giusta era stata trovata, e il resto, come si dice, ormai è storia.

"Così si conclude la parte centrale."

2

— Notevole, davvero notevole — disse Ishmael. — Senza dubbio ti rendi conto che il "grande momento" che hai citato segna in realtà la nascita della vostra cultura.

— Sì, certo.

— È necessario chiarire, però, che l'idea che l'agricoltura sia nata in un luogo preciso per poi diffondersi in tutto il mondo è senza dubbio un luogo comune. Ciò nonostante, la Mezzaluna fertile rimane il *leggendario* luogo d'origine dell'agricoltura, almeno nel mondo occidentale, e questo ha un significato particolare che esamineremo in seguito.

— D'accordo.

— La parte di storia che abbiamo raccontato ieri rivelava il significato del mondo così come lo concepiscono i Prendi: il mondo è il supporto vitale dell'uomo, un meccanismo destinato a produrre la vita umana e a darle sostentamento.

— Esatto.

— La parte di storia raccontata oggi, invece, sembra riguardare il destino dell'uomo. Ovviamente quel destino non era vivere come i leoni o le gazzelle.

— Certo.

— E allora qual è il destino dell'uomo?

— Mmm — feci. — Be'... il destino dell'uomo è realizzare... compiere grandi cose.

— Nel modo d'intendere dei Prendi, l'uomo ha un destino molto più preciso.

— Be', credo che si possa dire che il destino dell'uomo è costruire la civiltà.

— Pensa mitologicamente.

— Temo di non sapere come.

— Ti farò un esempio. Ascolta.

Io ascoltai.

3

— Come abbiamo osservato ieri, la creazione non ha certo avuto termine quando sono comparse le meduse, né quando sono comparsi gli anfibi o i rettili, e nemmeno quando sono comparsi i mammiferi. Secondo la vostra mitologia, ha avuto fine soltanto quando è comparso l'uomo.

— D'accordo.

— Ma perché il mondo e l'universo erano incompleti, senza l'uomo? Perché il mondo e l'universo *avevano bisogno* dell'uomo?

— Non saprei.

— Be', pensaci. Pensa al mondo senza l'uomo. *Immagina* il mondo senza l'uomo.

— Va bene — dissi, e chiusi gli occhi. Dopo un paio di minuti annunciai che avevo immaginato il mondo senza l'uomo.

— Come ti sembra?

— Non so. È il mondo, e basta.

— Tu dove sei?

— In che senso?

— Da dove lo guardi?

— Ah, dall'alto. Dallo spazio.

— Che cosa ci fai lassù?

— Non so.

— Perché non sei sulla superficie?

— Non so. Senza l'uomo... io sono solo un ospite, un alieno.

— Va bene. Adesso vai sulla superficie.

— Agli ordini — dissi, ma dopo un attimo fui costretto a confessare: — Strano, ho l'impressione che preferirei non scendere.

— Perché? Che cosa c'è che non va, laggiù? Feci una risatina. — C'è la *giungla*.

— Capisco. Vuoi dire la natura, con le zanne e gli artigli insanguinati... I draghi primordiali che si confrontano nella melma.

— Appunto.

— E che cosa ti succederebbe se andassi laggiù?

— Diventerei uno di quelli che i draghi fanno a pezzi nella melma.

Aprii gli occhi giusto in tempo per vedere che Ishmael annuiva. — Ed è a questo punto che si comincia a capire dove l'uomo trova il suo posto nello schema divino. Gli dèi non volevano che il mondo da essi creato fosse solo una giungla, vero?

— Vuoi dire nella nostra mitologia? Certo che no.

— Dunque, senza l'uomo il mondo era incompleto: non c'era altro che la natura, con zanne e artigli insanguinati. Era nel caos, in uno stato di anarchia primordiale.

— Appunto, proprio così.

— E quindi di che cosa aveva bisogno?

— Aveva bisogno che venisse qualcuno a... a raddrizzare la situazione. Qualcuno che mettesse ordine.

— E chi mai avrebbe potuto raddrizzare la situazione? Che tipo di persona trova l'anarchia e mette ordine?

— Be'... un sovrano, un re.

— Certo. Il mondo aveva bisogno di un sovrano. Aveva bisogno dell'uomo.

— Già.

— Quindi ci siamo fatti un'idea più chiara del significato della storia: *il mondo è stato creato per l'uomo, e l'uomo è stato creato per governarlo.*

— Sì, adesso è ovvio. Lo capirebbe chiunque.

— E che cosa sarebbe, questa?

— Come?

— È scienza?

— No.

— Allora che cos'è?

— È mitologia — risposi.

— Della quale non esiste traccia nella vostra cultura.

— Appunto.

Ancora una volta Ishmael mi guardò accigliato da dietro il vetro.

— Senti — gli dissi dopo un po'. — Quello che mi hai dimostrato, quello che mi hai fatto capire... è quasi oltre il credibile. Me ne rendo conto. Solo che io non sono tipo da saltare su battendomi una mano sulla fronte e gridando: «Dio mio, è fantastico!»

Lui aggrottò la fronte con fare pensoso, prima di ribattere: — Perché? Che cosa c'è di *sbagliato* in te?

La sua preoccupazione sembrava così sincera che dovetti sorridere.

— Dentro è tutto congelato — risposi. — Come un iceberg.

Scosse la testa, dispiaciuto per me.

4

— Per tornare al nostro argomento... Come tu stesso hai detto, c'è voluto molto tempo all'uomo per intuire di essere destinato a imprese più grandi di quelle che avrebbe potuto compiere vivendo come i leoni o le gazzelle. Per tre milioni di anni si è limitato a far parte dell'anarchia, è stato una delle tante creature che si rotolavano nel fango.

— Giusto.

— Solo diecimila anni fa, finalmente, ha compreso che il suo posto non era nel fango. Doveva tirarsene fuori e prendere in mano la situazione per rimettere ordine.

— Giusto.

— Ma il mondo non si sottomise docilmente al dominio umano, vero?

— No.

— Al contrario, lo sfidò. Ciò che l'uomo costruiva veniva demolito dalla pioggia e dal vento. I suoi villaggi e i campi che sgombrava per le coltivazioni venivano reclamati dalla giungla. I semi che spargeva venivano mangiati dagli uccelli. I germogli che faceva crescere venivano infestati dagli insetti. Le granaglie che raccoglieva erano preda dei topi. Gli animali che allevava venivano razziati da lupi e volpi. Montagne, oceani e fiumi restavano al loro posto e non si facevano da parte al suo passaggio. Terremoti, inondazioni, uragani, tormente e siccità non scomparivano al suo comando.

— È vero.

— E dal momento che il mondo non si sottometteva docilmente al suo dominio, che cosa doveva fare l'uomo?

— In che senso?

— Se un re arriva in una città che non si sottomette al suo dominio, che cosa deve fare?

— Conquistarla.

— Certo. Quindi l'uomo doveva conquistare il mondo, per diventarne il sovrano.

— Buon Dio! — esclamai... e quasi saltai dalla sedia battendomi una mano sulla fronte.

— Sì?

— Te lo ripetono cento volte al giorno. Accendi la radio o la televisione e te lo confermano una volta all'ora. L'uomo

71

conquista i deserti, l'uomo conquista gli oceani, l'uomo conquista l'atomo, l'uomo conquista gli elementi, l'uomo conquista lo spazio...

Ishmael sorrise. — Non mi avevi creduto quando ti ho detto che questa storia è ambientale nella vostra cultura. Adesso te ne sei reso conto. La vostra mitologia culturale vi sussurra nelle orecchie così costantemente che nessuno vi presta attenzione. È logico che l'uomo conquisti lo spazio, l'atomo, i deserti, gli oceani e gli elementi. Secondo la vostra mitologia, era nato proprio per questo.

— Sì. Adesso è chiarissimo.

5

— Ora le due prime parti della storia si sono congiunte: il mondo è stato creato per l'uomo, e l'uomo è stato creato per conquistarlo e governarlo. Ma in che modo la seconda parte contribuisce a spiegare *perché le cose sono andate così?*

— Fammici pensare un attimo... Di nuovo, si tratta di un modo vigliacco per scaricare la responsabilità sugli dèi. Sono loro ad avere creato il mondo per l'uomo, e ad avere creato l'uomo per conquistarlo e governarlo... come alla fine l'uomo ha fatto. Ed è per questo che le cose sono andate così.

— Scava. Va' più a fondo.

Per un paio di minuti tenni gli occhi chiusi e ci provai, ma non mi venne in mente niente.

Ishmael annuì rivolto alla finestra. — Tutto quello che è accaduto... i trionfi e le tragedie, le meraviglie e le miserie... sono un risultato diretto di... di che cosa?

Ci pensai per un po', ma non riuscii a capire dove voleva arrivare.

— Prova così — ritentò Ishmael. — Se gli dèi avessero voluto che l'uomo vivesse come i leoni o le gazzelle, le cose non sarebbero andate come sono andate, giusto?

— Certo.

— L'uomo era destinato a conquistare e governare il mondo. Quindi le cose sono andate così per diretta conseguenza del...

— Dell'inevitabilità che l'uomo realizzasse il suo destino.

— Naturalmente. *Doveva* realizzarlo, vero?

— Sì, senza dubbio.

— Quindi che c'è di strano?

— Giusto, hai ragione.

— Da come la vedono i Prendi, tutto ciò che è accaduto è semplicemente il prezzo dell'essere diventati umani.

— In che senso?

— Non era possibile diventare pienamente umani vivendo nel fango accanto ai draghi, giusto?

— Già.

— Per diventare pienamente umani, gli uomini dovevano tirarsi fuori dal fango. E il resto è una conseguenza di questo atto. Secondo i Prendi, gli dèi hanno concesso all'uomo la stessa scelta che hanno dato ad Achille: una vita breve e gloriosa oppure una vita lunga e anonima nell'oscurità. E i Prendi hanno scelto una vita breve e gloriosa.

— Sì, è un sottinteso comunemente accettato. La gente si limita a scrollare le spalle, e dice: «Be', questo è il prezzo da pagare per avere l'acqua corrente, il riscaldamento centrale, l'aria condizionata, l'automobile...». — Gli lanciai uno sguardo inquisitore. — E tu, invece, cosa dici?

— Dico che il prezzo che avete pagato non è quello di essere diventati umani. Non è neanche il prezzo dei vantaggi che hai appena elencato. È il prezzo richiesto per recitare una storia che colloca l'umanità nel ruolo di nemica del mondo.

73

PARTE QUINTA

1

— Adesso l'inizio e il centro della storia sono collegati — esordì Ishmael il giorno successivo. — L'uomo ha cominciato a realizzare il suo destino: la conquista del mondo è in corso. E come si conclude la storia?

— Temo che avrei dovuto continuare ieri. In un certo senso ho perso il filo.

— Forse ti sarebbe d'aiuto riascoltare come finisce la seconda parte.

— Buona idea. — Feci tornare indietro la registrazione di un paio di minuti e premetti PLAY.

«L'uomo era finalmente libero da tutte le catene che... dai vincoli della vita dei cacciatori-raccoglitori, che lo avevano tenuto in stallo per tre milioni di anni. Con l'agricoltura questi limiti svanirono, e l'ascesa umana fu fulminea. Gli insediamenti stabili comportarono la divisione del lavoro. Questa diede origine alla tecnologia. Con la nascita della tecnologia comparvero gli scambi e i commerci. Contemporaneamente al commercio sorsero la matematica, la letteratura, la scienza e così via. Finalmente la via giusta era stata trovata, e il resto, come si dice, ormai è storia.»

— Ah, ecco — dissi. — Dunque, l'uomo era destinato a conquistare e governare il mondo, e così ha fatto... quasi. Non ci è riuscito fino in fondo, e questo potrebbe provocare la sua disfatta. Il guaio è che la conquista umana del mondo ha anche devastato il mondo. E la nostra supremazia non basta a fermare le devastazioni... né a riparare quelle già compiute. Abbiamo riversato nel mondo i nostri veleni come se fosse un pozzo senza fondo... e *continuiamo* a riversarli. Abbiamo divorato risorse non sostituibili come se non dovessero mai esaurirsi... e *continuiamo* a divorarle. È difficile immaginare che il mondo possa resistere ancora per un secolo a simili abusi, ma nessuno fa niente. I problemi dovranno risolverli i nostri figli, o i figli dei nostri figli.

"Soltanto una cosa può salvarci: dobbiamo *accrescere* la nostra supremazia. I danni sono derivati tutti dalla nostra conquista del mondo, ma comunque noi dobbiamo continuare fino a che il dominio non sarà *assoluto*. In seguito, quando avremo un controllo *completo*, tutto andrà a posto. Avremo l'energia non inquinante della fusione nucleare. Potremo controllare la pioggia a piacimento. Faremo crescere un quintale di grano in un centimetro quadrato di terra. Trasformeremo gli oceani in allevamenti. Regoleremo il clima: niente più uragani, cicloni, alluvioni e alla fine nemmeno il gelo. Faremo in modo che le nubi regalino la pioggia alla terra, anziché sprecarla sugli oceani. Ogni processo vitale del pianeta sarà dov'era destinato a essere... dove gli dèi volevano che fosse... *nelle nostre mani*. E noi gestiremo il pianeta come un programmatore gestisce un computer.

"Questa è la situazione attuale: dobbiamo continuare la conquista. E continuarla porterà alla distruzione del mondo oppure alla sua trasformazione in un paradiso... nel paradiso che *doveva* essere sotto il dominio umano.

"E se riusciremo in questa impresa, se alla fine diventeremo gli assoluti dominatori del mondo, allora niente potrà fermarci. Sarà l'era di *Star Trek*. L'uomo si inoltrerà nello spazio per conquistare e governare anche il resto dell'universo.

Ecco quale potrebbe essere il destino finale dell'uomo: conquistare e governare l'universo intero. Una creatura davvero meravigliosa, l'uomo."

2

Con mio stupore, Ishmael raccolse un rametto dal mucchio e lo agitò verso di me in un entusiastico gesto di approvazione. — Anche questa volta un resoconto eccellente — disse, troncando con un morso l'estremità fronzuta.

— Ma sarà evidente anche a te che raccontare questa parte della storia cento anni fa, o anche solo cinquanta, sarebbe stato solo un resoconto del paradiso futuro. L'idea che la conquista umana del mondo potesse essere meno che benefica sarebbe stata impensabile. Fino a trenta o quarant'anni fa, la gente della vostra cultura non aveva dubbi che le cose fossero destinate ad andare sempre meglio, all'infinito. Non si vedeva all'orizzonte nessuna logica possibilità di interruzione.

— Già, proprio così.

— C'è un elemento della storia, però, che hai trascurato; ed è un elemento indispensabile per completare la spiegazione che la vostra cultura fornisce sul *perché le cose sono andate così.*

— Quale elemento?

— Credo che tu possa arrivarci da solo. Finora abbiamo stabilito che *il mondo è stato creato perché l'uomo lo conquistasse e lo governasse, e sotto il governo dell'uomo era destinato a diventare un paradiso.* È evidente, però, che ci deve essere un "ma". C'è stato *sempre*, un "ma", perché i Prendi hanno sempre avuto la sensazione che il mondo fosse ben lontano dall'essere un paradiso.

— È vero. Dunque... Dimmi come ti sembra questo: il mondo è stato creato perché l'uomo lo conquistasse e lo governasse, ma la conquista si è rivelata più distruttiva del previsto.

— Non mi hai ascoltato. Quel "ma" faceva parte della storia molto prima che la vostra conquista si dimostrasse distruttiva. Quel "ma" era destinato a spiegare ogni difetto del vostro paradiso... guerre e brutalità, povertà e ingiustizie, corruzioni e tirannie. È ancora presente oggi per spiegare la fame nel mondo e l'oppressione, la proliferazione nucleare e l'inquinamento. Spiega la Seconda guerra mondiale e, se ce ne fosse bisogno, spiegherebbe anche la terza.

Lo guardai perplesso.

— Si tratta di un luogo comune. Ci arriverebbe anche un ragazzino delle medie.

— Non ne dubito, però io non ci arrivo.

— Coraggio, rifletti. Cos'è che è andato storto? Che cos'è *sempre* andato storto? Sotto il governo dell'uomo il mondo avrebbe dovuto essere un paradiso, *però*...

— Però la gente rovina tutto.

— Appunto. E perché rovina tutto?

— Perché?

— Forse perché *non vuole* un paradiso?

— No. Quello che si pensa di solito è che... che sia co-stretta a comportarsi così. Piacerebbe a tutti che il mondo fosse un paradiso, ma, siccome siamo umani, siamo obbligati a rovinare tutto.

— Perché? Perché essere umani vi costringe a rovinare tutto?

— Perché c'è qualcosa di fondamentalmente *sbagliato* negli esseri umani. Qualcosa che opera contro il paradiso. Qualcosa che rende la gente stupida e distruttiva, avida e imprevidente.

— Certo. Nella vostra cultura lo sanno tutti: l'uomo è nato per trasformare il mondo in un paradiso, ma sfortuna-tamente è nato difettoso. E, di conseguenza, il suo paradiso è sempre stato devastato dalla stupidità, dall'ingordigia, dalla distruttività e dall'imprevidenza.

— Giusto.

3

Dopo averci ripensato, gli lanciai una lunga occhiata incredula. — Vuoi forse dire che questa spiegazione *è sbagliata?*

Ishmael scosse la testa. — Non ha senso parlare di giusto e sbagliato, nella mitologia. Molto tempo fa i popoli della vostra cultura erano convinti che la casa dell'uomo fosse al centro dell'universo. L'uomo era il fine per cui era stato creato l'universo, quindi era perfettamente sensato che la sua dimora ne fosse la capitale. I seguaci di Copernico non misero in discussione questo punto; non si rivolsero alla gente dicendo: «Siete in errore», ma si rivolsero ai cieli e dissero: «Guardate che cosa si vede lassù, *in realtà*».

— Non capisco dove vuoi arrivare.

— Come ci arrivarono, i Prendi, alla conclusione che negli esseri umani ci fosse qualcosa di fondamentalmente sbagliato? Quali prove avevano?

— Non saprei.

— Ho l'impressione che tu faccia il finto tonto. Quelle prove derivavano dall'intera storia dell'umanità.

— Giusto.

— E quando ha avuto inizio la storia dell'umanità?

— Be'... tre milioni di anni fa.

Ishmael mi lanciò un'occhiata indignata. — Quei tre milioni di anni sono stati aggiunti alla storia dell'umanità molto di recente, come tu sai benissimo. Ma prima, era universalmente noto che la storia era cominciata... quando?

— Be', qualche migliaio di anni fa.

— Appunto. In realtà, tra i popoli della vostra cultura è dato per scontato che l'intera storia dell'umanità sia la *vostra* storia. Nessuno ha il sospetto che la vita umana si possa estendere anche al di fuori del vostro regno.

— Va bene.

— E, dunque, quando i popoli della vostra cultura decisero che esisteva qualcosa di fondamentalmente sbagliato negli esseri umani, a quali prove guardavano?

— Alla loro storia.

— Esatto. Cioè a metà dell'un per cento delle prove a loro disposizione, e per di più riferite a una sola cultura. Una base ben poco solida, per trarne conclusioni così drastiche.

— Già.

— Non c'è nulla di fondamentalmente sbagliato negli esseri umani. Se sono chiamati a recitare una storia in accordo col mondo, vivono in accordo col mondo. Ma se devono esibirsi in una storia diversa, nella quale agiscono in contrasto col mondo, come nel vostro caso, vivono in contrasto col mondo. Se il copione prevede invece una storia che li vede nel ruolo di padroni del mondo, si comportano come padroni del mondo. E se in scena si svolge un'altra storia nella quale il mondo è un nemico da sottomettere, lo sottomettono proprio come un nemico; e prima o poi, inevitabilmente, quel nemico giacerà a terra ai loro piedi, ferito a morte, come si trova adesso il mondo.

4

— Qualche giorno fa — continuò Ishmael — ho definito "un mosaico" la vostra spiegazione del *perché le cose sono andate così.* Ciò che abbiamo esaminato finora è soltanto il bozzetto del mosaico... il suo schema generale. Per adesso non inseriremo sul bozzetto le tessere del mosaico. È un lavoro che non avrai difficoltà a fare da solo, quando avremo finito.

— Okay.

— Comunque, prima di continuare rimane da tracciare un elemento fondamentale del bozzetto. Una delle caratteristiche più straordinarie della cultura dei Prendi è la loro appassionata e incrollabile dipendenza dai profeti. L'influenza di persone come Mosè, Buddha, Confucio, Gesù Cristo e Maometto è semplicemente enorme, nella storia dei Prendi. Sono certo che sarai d'accordo.

— Sì.

— Ciò che rende tanto straordinaria questa caratteristica è il fatto che non esiste niente di simile tra i Lascia... se non in seguito a un devastante contatto con la cultura Prendi, come nei casi di Wowoka e la Danza degli Spiriti oppure di John Frum e i cargo-cult del Pacifico meridionale. A parte questi episodi, tra i Lascia non esiste alcuna tradizione di profeti arrivati a metterli sulla retta via e a dare loro nuove leggi o princìpi da seguire.

— È una cosa di cui mi rendevo vagamente conto. Come tutti, credo. Penso che... non so.

— Coraggio.

— Penso che la sensazione sia questa: che diavolo... a chi può importargliene qualcosa, di questa gente? Cioè, non è poi così strano che i selvaggi non abbiano profeti. Dio non si è mai curato troppo dell'umanità finché non sono apparsi quei bravi contadini di razza bianca nel Neolitico.

— Sì, è una sensazione giusta. Ma quello che m'interessa ora non è tanto la mancanza di profeti tra i Lascia, quanto l'enorme influenza dei profeti tra i Prendi. Milioni di persone sono state disposte a dare la vita per appoggiare il profeta di loro scelta. Che cos'hanno dunque di tanto importante, i profeti?

— Ottima domanda, ma temo di non saper rispondere.

— Va bene, allora proviamo così. Che cosa si sforzano di ottenere i profeti? Qual è il loro scopo sulla Terra?

— L'hai detto tu stesso un minuto fa. Lo scopo è metterci sulla retta via e dirci come dobbiamo vivere.

— Un'informazione vitale, a quanto pare. Per la quale si può anche morire.

— A quanto pare.

— Perché? Perché avete bisogno di profeti che vi dicano come dovete vivere?

— Ah. Va bene, ho capito dove vuoi arrivare. Il perché è che se non ce lo dicono i profeti, da soli non sapremmo come dobbiamo vivere.

— È ovvio. Ogni domanda su come la gente deve vivere finisce sempre per diventare una questione religiosa, tra i Prendi... finisce sempre con una disputa tra un profeta e l'altro. Per esempio, quando in questo paese fu legalizzato l'aborto, all'inizio la questione venne trattata come un fatto assolutamente laico. Ma poi la gente ci rifletté più a fondo, si rivolse ai profeti, e ben presto l'aborto si trasformò in una contesa religiosa con entrambe le parti pronte a schierare il clero per appoggiare la propria posizione. Allo stesso modo, il dibattito sulla legalizzazione delle droghe pesanti, come l'eroina e la cocaina, per adesso si svolge su considerazioni eminentemente pratiche... ma se diventasse una possibilità concreta, la gente con una certa mentalità comincerebbe senza dubbio a esaminare le Scritture per vedere che cos'hanno da dire in proposito i profeti.

— Hai ragione. È talmente automatico che la gente lo dà per scontato.

— Poco fa hai detto: «Se non ce lo dicessero i profeti, non sapremmo come dobbiamo vivere». Che significa? In che senso non sapreste come dovete vivere, senza i profeti?

— Ottima domanda. Direi che dipende... Prendiamo il caso dell'aborto. Potremmo continuare a discutere per mille anni senza trovare mai un ragionamento abbastanza convincente da chiudere la discussione, perché per ogni affermazione c'è una confutazione. Quindi è impossibile sapere con certezza che cosa dobbiamo fare, e di conseguenza abbiamo bisogno dei profeti: loro *sanno*.

— Sì, ci siamo. Ma rimane una domanda: perché *voi* non lo sapete?

— Questa domanda rimarrà senza risposta, ho paura... almeno, io non ne ho.

— Siete capaci di rompere l'atomo, di mandare esploratori sulla Luna, di manipolare i geni, e non sapete come la gente deve vivere?

— Esatto.

— Perché? Che cosa dice in proposito Madre Cultura?

— Mmm — borbottai, e chiusi gli occhi. Dopo un paio di minuti dissi: — Madre Cultura dice che su argomenti come gli atomi, i viaggi spaziali o i geni è possibile avere conoscenze *certe*, ma non su "come deve vivere la gente". Quelle conoscenze non sono disponibili, punto e basta... ecco perché non le abbiamo.

— Capisco. E tu che cosa dici, dopo avere ascoltato Madre Cultura?

— In questo caso devo dire che sono d'accordo. Non si può trovare *nel mondo fisico*, una conoscenza certa su come deve vivere la gente.

— In altre parole, dato che non la si può trovare "nel mondo fisico", il meglio che potete fare è ricorrere alla vostra materia grigia. Ed è quello che state facendo adesso nel dibattito sulla legalizzazione della droga. Ogni parte prepara argomentazioni basate sulla *ragione* e, quale che sia la strada che sceglierete, non potrete sapere se è quella giusta.

— Appunto. Non è questione di fare ciò che *deve* essere fatto, perché una certezza del genere è impossibile da raggiungere. È solo una questione di voti.

— Sembri piuttosto convinto su questo punto. Secondo te non esiste assolutamente nessun modo per scoprire come deve vivere la gente.

— Certo che ne sono sicuro.

— E come ci sei arrivato?

— Non saprei. Una *certezza* su come deve vivere la gente è... non si può ottenere come le certezze scientifiche. Te l'ho già detto: non si può trovare *nel mondo fisico*.

— Qualcuno di voi l'ha mai cercata, nel mondo fisico?

Repressi un sogghigno.

— Nessuno ha mai detto: «Be', visto che abbiamo raggiunto una conoscenza certa su tante altre materie, perché non proviamo a cercare qualcosa di simile anche sull'argomento "come si deve vivere"?» Non l'ha mai fatto nessuno?

— Ne dubito.

— Non ti sembra strano? Considerando che allo stato attuale questo è il più importante problema dell'umanità... il più importante che abbia mai affrontato... ci sarebbe da pensare che vi fosse dedicata un'intera branca della scienza. Invece scopriamo che nessuno di voi si è mai domandato se la risposta si possa cercare nel mondo fisico.

— È perché sappiamo che non esiste nessuna risposta.

— Lo sapete prima ancora di cercarla, se non ho capito male.

— Esatto.

— Non è un atteggiamento molto scientifico, per un popolo così scientifico.

— Già.

5

— Abbiamo scoperto due cose molto importanti sugli esseri umani — disse Ishmael. — Almeno, secondo la mitologia dei Prendi. Primo: esiste in loro qualcosa di fondamentalmente sbagliato. Secondo: non hanno nessuna conoscenza certa sul modo in cui devono vivere... né mai l'avranno. Sembra quasi che ci sia un rapporto tra questi due fatti.

— Sicuro: se la gente sapesse come deve vivere, allora sarebbe in grado di rimediare ai difetti della natura umana. Cioè, la conoscenza di come si deve vivere implicherebbe la comprensione di come si deve vivere essendo creature difettose. Altrimenti a che servirebbe?

— In realtà tu stai dicendo che, se sapeste come vivere, allora il difetto dell'umanità sarebbe sotto controllo. Se aveste quella conoscenza, allora non sareste condannati a devastare il mondo. Forse le nostre due conclusioni sono in realtà una sola: il difetto dell'uomo è appunto questo, che non sa come deve vivere.

— Sì, probabilmente è così.

6

— A questo punto abbiamo collocato al loro posto tutti i principali elementi della spiegazione del *perché le cose sono andate così*, secondo la vostra cultura. Il mondo è stato dato all'uomo perché lo trasformasse in un paradiso, invece l'uomo l'ha sempre devastato perché in lui esiste un difetto di base. Potrebbe porvi rimedio se sapesse come deve vivere, ma non ci riesce... né ci riuscirà mai perché una simile conoscenza non è raggiungibile. Di conseguenza, per quanto l'uomo si impegni per trasformare il mondo in un paradiso, probabilmente riuscirà solo a devastarlo ancora di più.

— Già, sembra di sì.

— È una storia triste, la vostra, una storia di disperazione e futilità, nella quale il successo è irraggiungibile. L'uomo è difettoso, quindi continua a devastare ciò che dovrebbe essere un paradiso, e non può farci niente. Non sa come fare per smettere di devastare il paradiso, e non può porvi rimedio. State correndo a precipizio verso la catastrofe, e tutto quel che potete fare è guardarla mentre si avvicina.

— Sembra di sì.

— Senza nient'altro da recitare se non la vostra disgraziata storia, non c'è da stupirsi se molti di voi passano la vita a stordirsi con la droga, con l'alcol o con la televisione. Non c'è da stupirsi se molti di voi impazziscono o si suicidano.

— Già. Ma ne esiste un'altra?

— Un'altra cosa?

— Un'altra storia.

— Sì, esiste un'altra storia, ma i Prendi stanno facendo del loro meglio per distruggerla insieme a tutto il resto.

7

— Hai mai fatto escursioni, durante i tuoi viaggi?

Io sgranai gli occhi, perplesso. — Escursioni?

— Ti è mai capitato di uscire dal percorso stabilito per vedere qualche spettacolo della natura?

— Credo di sì. Qualche volta.

— Sono sicuro che avrai notato come soltanto i turisti *vedano* davvero i punti di riferimento locali. A ogni effetto pratico, quei punti di riferimento sono del tutto invisibili per gli abitanti, proprio perché sono sempre in vista.

— Sì, è vero.

— Questo è ciò che abbiamo fatto finora nel nostro viaggio. Abbiamo vagabondato nella tua cultura d'appartenenza osservando i punti di riferimento che gli abitanti non vedono più. Un visitatore di un altro pianeta li troverebbe interessanti, persino straordinari, mentre i nativi della vostra cultura li danno per scontati e non li notano nemmeno.

85

— Giusto. Hai dovuto prendermi la testa tra le mani, puntarla nella direzione giusta e dire: «Non lo vedi?» e io dicevo: «Che cosa? Là non c'è niente da vedere».

— Oggi abbiamo speso molto tempo a esaminare uno dei vostri monumenti più notevoli... l'assioma secondo il quale non esiste modo di ottenere una conoscenza certa su come la gente deve vivere. Madre Cultura suggerisce di accettarlo così com'è, senza prove, dal momento che è intrinsecamente indimostrabile.

— È vero.

— E la conclusione che hai tratto da questo assioma è...

— Che non ha senso ricercare una simile conoscenza.

— Giusto. Nelle vostre mappe, il territorio del pensiero è sovrapposto a quello della cultura. L'uno termina dove finisce l'altro, e avventurandovi al di là del confine cadreste oltre i margini del mondo. Capisci che cosa intendo?

— Credo di sì.

— Domani prenderemo il coraggio a due mani e attraverseremo quel confine. E, come vedrai, non cadremo oltre i margini del mondo. Ci troveremo invece in un territorio nuovo, in un territorio mai esplorato da nessuno della vostra cultura, perché le vostre mappe dicono che non esiste... anzi, che *non può* esistere.

PARTE SESTA

1

— Come ti senti oggi? — chiese Ishmael. — Mani sudate? Respiro affannoso?

Io lo guardai perplesso oltre il vetro che ci separava. Quella giocosità ironica era una novità, e non ero sicuro che mi piacesse. Fui tentato di ricordargli che lui era *un gorilla*, accidenti, ma mi trattenni e borbottai: — Per adesso sono abbastanza tranquillo.

— Bene. Come il Secondo Assassino, tu sei colui che le vili percosse e le angherie del mondo hanno esasperato fino a farti diventare incurante delle tue azioni in oltraggio al mondo.

— Senza dubbio.

— Allora cominciamo. Ci troviamo di fronte a un muro che è situato ai confini del concepibile nella vostra cultura. Ieri l'ho definito un monumento, ma credo che niente impedisca a un muro di essere anche un monumento. Comunque sia, questo muro è l'assioma secondo il quale una conoscenza certa su come la gente deve vivere non è raggiungibile. Io rifiuto questo assioma e scavalco il muro. Non abbiamo bisogno che siano i profeti a dirci come dobbiamo vivere: lo scopriremo da soli esaminando ciò che si trova *nel mondo fisico* al di là.

87

Non avendo niente da dire, mi limitai a scrollare le spalle.

— Sei scettico, me l'aspettavo. Secondo i Prendi, nell'universo fisico esiste ogni tipo di informazione, fuorché su come la gente deve vivere. Studiando l'universo avete imparato a volare, a frantumare l'atomo, a inviare verso le stelle messaggi alla velocità della luce e così via, eppure, per quanto lo studiate, non riuscirete mai a procurarvi l'informazione più fondamentale e necessaria: la conoscenza di come dovete vivere.

— Esatto.

— Un secolo fa, gli aspiranti aeronauti si trovavano esattamente nella stessa condizione, a proposito del problema di imparare a volare. Sai perché?

— No. Non vedo che cosa c'entrino gli aeronauti.

— Le informazioni che cercavano potevano benissimo non esistere affatto. Alcuni dicevano che a quel proposito non c'era niente da scoprire, nel mondo fisico, e quindi non aveva senso cercare. Lo vedi il parallelismo, adesso?

— Credo di sì.

— Ma ci sono molte altre somiglianze. A quei tempi, non esisteva nessuna nozione sul volo. Ciascuno aveva la propria teoria. Uno diceva: «L'unico modo di volare è imitare gli uccelli; dobbiamo costruire un paio di ali capaci di battere». Un altro diceva: «Un paio non basta, dobbiamo averne almeno due». E un terzo diceva: «Assurdo. Gli aeroplani di carta volano anche senza battere le ali; abbiamo bisogno di ali rigide e di una fonte di energia che ci spinga nell'aria». E così via. Potevano discutere le loro idee predilette a piacimento, perché non c'era niente di sicuro. Non potevano fare altro che procedere per tentativi.

— Ah.

— Di che cosa avrebbero avuto bisogno per procedere in maniera più efficiente?

— Be', come hai detto, di qualche informazione specifica, è ovvio.

— Ma quale informazione in particolare?

— Be', insomma... avevano bisogno di sapere come realizzare una spinta ascensionale. Di sapere che una corrente d'aria scorrendo contro una lamina...

— Che cosa cerchi di descrivere?

— Quello che succede quando una corrente d'aria...

— Vuoi dire quello che succede *sempre* quando una corrente d'aria scorre contro una lamina?

— Certo.

— Come viene chiamata una descrizione di ciò che succede *sempre* quando si verificano certe condizioni?

— Una legge.

— Appunto. Dunque i primi aeronauti dovevano procedere per tentativi perché non conoscevano le leggi dell'aerodinamica... anzi, non sapevano nemmeno che esistessero delle leggi.

— Okay. Ho capito dove vuoi arrivare.

— La gente della vostra cultura si trova in una situazione simile per quanto riguarda la nozione di come si deve vivere. Devono procedere per tentativi, perché non conoscono le leggi relative... anzi, non sanno nemmeno che delle leggi esistano.

— E io sono d'accordo con loro — replicai.

— Tu sei sicurissimo che su questo problema non si possa scoprire nessuna legge.

— Esatto. Ovviamente ci sono delle leggi come quella contro la droga, ma basta un voto per cambiarle. Le leggi dell'aerodinamica, invece, non si possono cambiare con un voto... e non ci sono leggi su come deve vivere la gente.

— Ho capito. Così insegna Madre Cultura, e in questo caso tu sei d'accordo. Benissimo. Ma perlomeno hai capito con chiarezza quello che sto cercando di dimostrare: che esiste una legge non soggetta, come dici tu, a cambiare con un voto.

— D'accordo. Sono pronto a tutto, ma non riesco a immaginare come potrai riuscirci.

2

— Che cosa dice la legge di gravità? — chiese Ishmael, cambiando drasticamente argomento e prendendomi di sorpresa per l'ennesima volta.

— La legge di gravità? Be', la legge di gravità dice che... che ogni particella dell'universo è attratta da tutte le altre, e che la forza di attrazione varia con la distanza.

— E questa descrizione da dove viene?

— In che senso?

— Da quali osservazioni deriva?

— Be'... dalla materia, credo. Dal comportamento della materia.

— Non deriva da un attento studio delle abitudini delle api.

— No.

— Se si volessero comprendere le abitudini delle api si studierebbero le api, non la nascita delle montagne.

— Certo.

— E se ti venisse la strana idea che potrebbero esserci delle leggi su come l'umanità deve vivere, dove le cercheresti?

— Non saprei.

— Le cercheresti nel cielo?

— No.

— Ti inoltreresti nel reame delle particelle subatomiche?

— No.

— Studieresti le proprietà del legno?

— No.

— Fai un'ipotesi a caso.

— L'antropologia?

— L'antropologia è un campo di studi, come la fisica. Newton ha forse scoperto la legge di gravità leggendo un libro di fisica? È là che era scritta la legge?

— No.

— Dov'era scritta?

— Nella materia. Nell'universo materiale.

— Allora riproviamo. Se esiste una legge che riguarda la vita, dove la troveremo scritta?

— Forse nel comportamento umano.

— Ho una notizia che per te sarà sconvolgente: l'uomo non è solo su questo pianeta. Appartiene a una comunità, dalla quale dipende in tutto e per tutto. Non l'avevi mai sospettato?

Fu la prima volta che lo vidi sollevare un solo sopracciglio.

— Non essere sarcastico — gli dissi.

— Qual è il nome di questa comunità, della quale l'uomo è solo uno dei tanti membri?

— La comunità della vita.

— Bravo. Ti sembra sia pur lontanamente plausibile che la legge che stiamo cercando sia scritta in questa comunità?

— Non saprei.

— Che cosa dice Madre Cultura?

Chiusi gli occhi e ascoltai per un po'. — Madre Cultura dice che se una simile legge esistesse, non si applicherebbe a noi.

— Perché?

— Perché noi siamo molto al di sopra di ogni altro elemento di quella comunità.

— Capisco. E riesci a citarmi qualche altra legge dalla quale siate esenti in qualità di esseri umani?

— Che vuoi dire?

— Voglio dire che le mucche e gli scarafaggi sono soggetti alla legge di gravità. Voi ne siete esenti?

— No.

— Siete esenti dalle leggi dell'aerodinamica?

— No.

— Della genetica?

— No.

— Della termodinamica?

— No.

— Riesci a pensare a qualche legge dalla quale gli esseri umani siano dispensati?

— Su due piedi, no.

— Se ci riesci fammelo sapere, sarebbe davvero una novità.

— D'accordo.

— Però, se per caso esistesse una legge sul comportamento della comunità della vita nel suo complesso, gli esseri umani ne sarebbero esentati.

— Be', questo è ciò che dice Madre Cultura.

— E tu che cosa dici?

— Non lo so. Non vedo come potrebbe essere rilevante per l'umanità una legge che regoli il comportamento delle farfalle o delle tartarughe... dando per scontato che le farfalle e le tartarughe seguano la legge di cui parliamo.

— Certo che la seguono. E per quanto riguarda la rilevanza, le leggi dell'aerodinamica non sono certo state sempre *rilevanti* per voi, vero?

— No.

— Quando hanno cominciato a essere rilevanti?

— Be'... quando abbiamo cercato di volare.

— Nel momento in cui avete cercato di volare, le leggi che governano il volo hanno cominciato a essere rilevanti.

— Esatto.

— E quando sarete sull'orlo dell'estinzione e vorrete vivere ancora un po', forse diventeranno rilevanti anche le leggi che governano la vita.

— Già, è probabile.

3

— Quali sono gli effetti della legge di gravità? A che cosa serve la gravità?

— Si può dire che la gravità è ciò che organizza le cose a livello macroscopico. È ciò che tiene insieme tutto quanto... il sistema solare, la galassia, l'universo...

Ishmael annuì. — E la legge che ora stiamo cercando è quella che tiene insieme la comunità vivente. Ciò che organizza le cose a livello biologico, proprio come la legge di gravità organizza le cose a livello macroscopico.

— Okay. — Credo che Ishmael avesse intuito che avevo qualcos'altro da dire, perché aspettò che continuassi. — È difficile credere che i nostri biologi non siano a conoscenza di questa legge.

Rughe di divertito stupore gli segnarono la pelle grigio-bluastra della faccia. — Credi forse che Madre Cultura non parli ai vostri biologi?

— No.

— E che cosa dice loro?

— Che se una legge simile esistesse non si applicherebbe a noi.

— È ovvio. Ma questo non risponde del tutto alla tua domanda. I biologi non resterebbero scandalizzati se scoprissero che il comportamento della comunità naturale segue certe linee prestabilite. Devi ricordare che quando Newton formulò la legge di gravità nessuno ne fu scandalizzato. Non era certo una scoperta sovrumana osservare che un oggetto lasciato a se stesso cadeva verso il centro della Terra. Lo sanno tutti dall'età di due anni. La grande conquista di Newton non è stata scoprire il *fenomeno* della gravità, ma formulare una legge che comprendesse questo fenomeno.

— Sì, ho capito.

— Allo stesso modo, niente di quello che scoprirai a proposito della comunità della vita scandalizzerebbe gli esseri umani, in particolare i naturalisti, i biologi o gli studiosi del comportamento animale. Il mio scopo, se ci riuscirò, è semplicemente quello di riunire tutto in una *legge*.

— Okay. Va' avanti.

4

— Diresti che la legge di gravità riguarda il volo?

Io ci pensai per un attimo, poi risposi: — Non *direttamente*, ma senz'altro lo riguarda; se non altro perché si applica ai velivoli così come ai sassi. La gravità non fa distinzione fra velivoli e sassi.

— Ben detto. Si potrebbe dire lo stesso per la legge che stiamo cercando: non riguarda direttamente la civiltà, ma la civiltà è un suo campo di applicazione, così come gli stormi di uccelli o i branchi di cervi. Questa legge non fa distinzioni fra la civiltà umana e gli alveari: si applica a tutte le specie indiscriminatamente. È per questo che è rimasta ignota alla vostra cultura: secondo la mitologia dei Prendi, l'uomo è per definizione un'eccezione biologica. L'uomo, tra milioni di specie, è il prodotto finale dell'evoluzione. Il mondo non è stato creato per generare le rane o i grilli, gli squali o le cavallette, ma per generare l'uomo. Quindi l'uomo si erge solitario, unico e assolutamente alieno a tutto il resto.

— Giusto.

5

Ishmael passò qualche minuto a fissare un punto a circa cinquanta centimetri dal suo naso, e io cominciai a chiedermi se non si fosse dimenticato di me. Poi scosse la testa e tornò a essere presente. Per la prima volta da quando ci eravamo conosciuti tenne qualcosa di simile a una lezione.

— Gli dèi hanno giocato sporco con i Prendi, e per ben tre volte — esordì. — Primo, non hanno messo il mondo nel punto che secondo i Prendi gli competeva, cioè al centro dell'universo. È stato difficile accettarlo, ma un po' alla volta si sono abituati. Anche se la dimora dell'umanità era stata confinata in periferia, i Prendi potevano ancora credersi i protagonisti della Creazione.

"Il secondo inganno degli dèi fu peggiore: dal momento che l'uomo era il culmine della creazione, l'essere per cui tutto il resto era stato creato, avrebbero dovuto avere la decenza di crearlo in un modo adatto alla sua dignità e alla sua importanza... cioè con un atto di creazione separato, particolare. Invece lo fecero nascere dal fango, come le zecche e le patate. Questo fu *davvero* difficile da accettare, per i Prendi, ma un po' alla volta si adattarono. Anche se l'uomo era emerso dal fango, come tutto il resto, esisteva ancora il suo destino divino di governare il mondo e forse l'universo intero.

"Ma l'ultimo inganno degli dèi è il più grande in assoluto: benché i Prendi non lo sappiano ancora, l'uomo non è esente dalle leggi che governano la vita dei lombrichi e delle zecche, dei gamberetti e dei molluschi, dei cervi e dei leoni e delle meduse. Non è esente da questa legge più di quanto sia esente dalla legge di gravità, e questo per i Prendi sarà l'affronto più grave. Agli altri inganni degli dèi potevano adattarsi, ma non a questo."

Rimase immobile per un po', una montagna di muscoli e pelliccia, forse per lasciare che l'ultima affermazione mettesse radici. Poi continuò. — Ogni legge ha degli effetti, altrimenti non si potrebbe individuarla come legge. Gli effetti della legge che stiamo cercando sono molto semplici: le specie che vivono secondo i suoi comandamenti vivono per sempre... condizioni ambientali permettendo. E questa l'umanità la giudicherà una buona notizia, mi auguro, perché se osserverà questa legge vivrà per sempre... o almeno fino a quando le condizioni ambientali lo permetteranno.

"Ma, ovviamente, non è l'unica conseguenza della legge. Le specie che *non* la rispettano sono destinate a estinguersi. E l'estinzione è quasi immediata, secondo i tempi biologici. Una pessima notizia, questa, per i popoli della vostra cultura... la peggiore che abbiano mai sentito."

— Mi auguro — dissi — che tu non sia convinto di avermi mostrato dove cercarla, la legge, con quello che mi hai detto.

Ishmael rifletté per qualche secondo, poi prese un rametto dal mucchio alla sua destra; lo sollevò per farmelo vedere, quindi lo lasciò cadere. — Ecco l'effetto che Newton intendeva spiegare. — Agitò una mano indicando fuori dalla finestra. — Ed ecco l'effetto che intendo spiegare io. Là fuori esistono moltissime specie che, se le condizioni ambientali lo permetteranno, vivranno indefinitamente.

— Sì, è evidente. Che bisogno c'è di spiegarlo?

Ishmael scelse un altro rametto dal mucchio, lo sollevò e disse: — Che bisogno c'è di spiegare *questo*?

— D'accordo. Tu dici che non è vero che non ci sia niente, dietro questo fenomeno, ma che è l'effetto di una legge. Che c'è una legge all'opera.

— Appunto. C'è una legge all'opera e il mio obiettivo è farti capire in che modo agisce. Al punto in cui siamo arrivati, il modo più semplice per fartelo capire è un'analogia con le leggi che già conosci: quelle dell'aerodinamica e della gravità.

— Va bene.

6

— Come ben sai, nel restare seduti qui noi non sfidiamo affatto la legge di gravità. Soltanto gli oggetti privi di supporto cadono verso il centro della Terra, e le superfici su cui siamo seduti sono i nostri supporti.

— Giusto.

— Le leggi dell'aerodinamica non forniscono un metodo per sfidare la legge di gravità. Sono certo che sarai d'accordo. Forniscono semplicemente una tecnica per utilizzare l'aria come supporto: un uomo su un aeroplano è soggetto alla forza di gravità esattamente come lo siamo noi in questo momento. Ciò nonostante, l'uomo nell'aereo gode senza dubbio di una libertà che a noi manca: la libertà dell'aria.

— Sì.

— La legge che cerchiamo è come la legge di gravità: è impossibile sfuggirle, ma esiste una maniera per ottenere l'equivalente del volo... l'equivalente della libertà dell'aria. In altre parole, si può costruire una civiltà in grado di volare.

Lo fissai per un po', poi dissi: — Va bene.

— Come ricorderai, i Prendi hanno proceduto per tentativi nella ricerca di un modo per volare. Non hanno cominciato dalla conoscenza delle leggi dell'aerodinamica, né da una teoria basata su studi ed esperimenti. Si sono limitati a costruire i loro apparecchi, a portarli sul bordo di un precipizio e a sperare per il meglio.

— Certo.

— Benissimo. Ora vorrei seguire passo per passo uno di questi primi tentativi. Diciamo che il nostro tentativo si svolge con uno di quei bellissimi apparecchi a pedali che sbattevano le ali, basandosi su un errato parallelismo con il volo degli uccelli.

— D'accordo.

— All'inizio del volo, tutto funziona alla perfezione. Il nostro aspirante aeronauta si è spinto oltre il bordo del precipizio e pedala con energia, mentre le ali dell'apparecchio sbattono a più non posso. L'uomo prova una sensazione bellissima, estatica: sta sperimentando la libertà dell'aria. Quello che non sa, ovviamente, è che la sua macchina è aerodinamicamente incapace di volare: non è conforme alle leggi che rendono possibile il volo... ma lui scoppierebbe a ridere se qualcuno glielo dicesse. Non ha mai sentito parlare di leggi simili, non ne sa niente. Indicherebbe le ali che si muovono su e giù e direbbe: «Non vedete? Proprio come gli uccelli!». Invece non sta affatto volando, checché ne pensi lui: è semplicemente un oggetto privo di supporto che cade verso il centro della Terra. Non è in volo: è in caduta libera. Mi segui?

— Sì.

— Fortunatamente o, meglio, sfortunatamente per il nostro aeronauta, il precipizio scelto per il lancio dell'apparecchio è molto profondo. La disillusione finale è ancora molto lontana nel tempo e nello spazio, e intanto lui continua a cadere sentendosi a meraviglia e congratulandosi con se stesso per il suo trionfo. È come il protagonista di quella barzelletta dove un uomo, per scommessa, salta da una finestra al novantesimo piano, e mentre passa davanti alle finestre del decimo dice tra sé: «Be', fin qui tutto bene».

"Dunque, sta scendendo in caduta libera, e sperimenta l'esaltante sensazione di ciò che lui considera 'volare'. Dall'alto abbraccia con lo sguardo chilometri e chilometri di terreno, e vede una cosa che lo stupisce: il fondo della valle è punteggiato di apparecchi simili al suo, non fracassati ma semplicemente abbandonati. «Perché quegli apparecchi sono fermi a terra?» si chiede. «Perché non volano? Chi può essere tanto pazzo da abbandonare il proprio velivolo quando potrebbe godersi la libertà dell'aria?» Be', comunque, le bizzarrie degli sciocchi mortali legati alla terra sono l'ultima delle sue preoccupazioni. Ma dopo un po', nel guardare giù nella valle, qualcos'altro balza alla sua attenzione: sembra che la sua quota stia diminuendo... la terra sembra salire verso di lui. Be', non c'è da preoccuparsi: dopo tutto, fino a quel momento il volo è stato un completo successo e non c'è ragione per cui non debba continuare così. Deve soltanto pedalare un po' più forte, e tutto si sistemerà.

"Fin qui tutto bene. Pensa con divertimento a coloro che avevano predetto che il volo sarebbe finito in un disastro, ossa rotte e morte. E invece eccolo là: dopo tutta quella strada non si è fatto neanche un graffio, altro che ossa rotte. Ma dopo guarda di nuovo giù, e ciò che vede lo lascia davvero perplesso. La legge di gravità lo trascina verso il basso al ritmo di 9,8 metri al secondo, facendolo accelerare sempre più. Il suolo si precipita ora verso di lui a una velocità allarmante. L'aeronauta è turbato, pur non essendo certo in preda alla disperazione. «Questo apparecchio mi ha portato fin qui sano e salvo» mormora tra sé. «Devo solo mantenerlo in funzione.» E, così dicendo, inizia a pedalare a tutta forza. Il che naturalmente non serve a niente, perché l'apparecchio non è in accordo con le leggi dell'aerodinamica. Se anche l'aeronauta avesse nelle gambe la potenza di mille uomini, o di diecimila, o di un milione, non riuscirebbe a farlo volare: quell'apparecchio è condannato... e con esso l'uomo, a meno che non lo abbandoni.

— D'accordo. Ho capito il tuo esempio, ma non vedo che rapporto abbia con quello che dicevamo prima.

Ishmael annuì. — Eccolo, il rapporto: diecimila anni fa, gli uomini della vostra cultura si sono imbarcati in un volo simile... un volo di civiltà. Il velivolo non era stato progettato secondo alcuna teoria e, come il nostro immaginario aeronauta, essi erano del tutto inconsapevoli che esistesse una legge da rispettare per portare a compimento un volo di civiltà. Quindi non si erano nemmeno sforzati di cercarla.

Volevano a tutti i costi provare la libertà dell'aria, e così si erano lanciati a bordo del primo apparecchio disponibile: il Fulmine dei Prendi.

"Sulle prime tutto era andato liscio; anzi, era stato fantastico. I Prendi pedalavano e l'apparecchio batteva le ali alla perfezione. Tutti si sentivano benissimo, erano eccitati: sperimentavano la libertà dell'aria, la libertà dai legami che avvincono e limitano il resto della comunità biologica. E insieme con la libertà erano arrivate altre meraviglie... tutte le conquiste che hai nominato l'altro giorno: urbanizzazione, tecnologia, letteratura, matematica, scienza.

"Il loro volo non avrebbe mai avuto fine, sarebbe continuato all'infinito diventando sempre più emozionante. I Prendi non potevano sapere, non potevano nemmeno immaginare che, come il nostro sventurato aeronauta, si trovavano sì nell'aria, ma non in volo. Erano in caduta libera, perché l'apparecchio non era in conformità con le leggi che rendono possibile il volo. Ma la disillusione finale era ancora molto lontana nel tempo e nello spazio, e quindi loro continuavano a pedalare e se la godevano. Come il nostro aeronauta, durante la caduta a un certo punto vedono uno strano spettacolo: i resti di apparecchi molto simili al loro, non distrutti ma abbandonati... dai Maya, dagli Hohokam, dagli Anasazi, dai popoli del culto di Hopewell, per citare solo alcuni di quelli scoperti nel Nuovo Mondo. I Prendi si domandano: «Perché quegli apparecchi sono fermi a terra, anziché essere in volo? Quale popolo può essere così pazzo da abbandonare il proprio velivolo quando potrebbe godersi la libertà dell'aria?» È un mistero insondabile, che va al di là della comprensione.

"Be', comunque le stramberie di quegli stupidi popoli non significano nulla per i Prendi. Loro continuano a pedalare e a cavarsela benissimo: non ci pensano proprio ad abbandonare il loro velivolo e intendono godersi per sempre la libertà dell'aria. Ma, ahimè, su di loro è all'opera una legge. I Prendi non sanno neppure che esista, questa legge, ma l'ignoranza non assicura nessuna protezione. Quella legge è inesorabile quanto quella di gravità, e agisce su di loro esattamente come la gravità agiva sul nostro aeronauta: *con un ritmo sempre più accelerato.*

"Alcuni lugubri pensatori del Diciannovesimo secolo, come Robert Wallace e Thomas Robert Malthus, guardano in basso. Mille anni prima, o anche cinquecento anni prima, probabilmente non avrebbero notato nulla. Ma in quel momento ciò che vedono li allarma: è come se il suolo salisse a grande velocità verso di loro, come se il velivolo stesse precipitando. Fanno qualche calcolo e dicono: «Continuando così, in un futuro non troppo lontano ci troveremo nei guai». Ma gli altri Prendi liquidano la predizione con una scrollata di spalle. «Abbiamo percorso una strada lunghissima e non ci siamo fatti neanche un graffio. È vero che il suolo sembra salire verso di noi, ma significa solo che dovremo pedalare un po' più in fretta. Non c'è di che preoccuparsi.» Invece, proprio come era stato predetto, le carestie diventano ben presto una norma di vita in varie zone del Fulmine dei Prendi... e i Prendi sono costretti a pedalare ancora più in fretta e più forte di prima. Eppure, inspiegabilmente, quanto più forte pedalano tanto peggiore diventa la situazione. Stranissimo. Peter Farb lo definisce un paradosso: «Intensificare la produzione alimentare per nutrire una popolazione più estesa conduce a un ulteriore aumento della popolazione». Ma i Prendi ribattono: «Non importa. Dobbiamo solo mettere altre persone ai pedali per procurarci un buon metodo per il controllo delle nascite, dopodiché il Fulmine dei Prendi volerà per sempre».

"Ma ormai simili risposte semplicistiche non sono più sufficienti a rassicurare la gente della vostra cultura. Tutti guardano giù ed è ovvio che il suolo sta salendo a tutta velocità... ogni anno più veloce. Il sistema ecologico planetario subisce i colpi del Fulmine dei Prendi, e ogni anno i colpi diventano più duri. Ogni anno vengono divorate risorse essenziali e insostituibili... e sempre con maggiore ingordigia. I più pessimisti, o forse dovremmo dire i più realisti, guardano giù e dicono: «Be', l'impatto potrebbe essere lontano vent'anni, o cinquanta; ma in realtà può capitare da un momento all'altro, non si può prevederlo con certezza». Ma, ovviamente, ci sono anche gli ottimisti, che ribattono: «Dobbiamo avere fiducia nel nostro apparecchio... dopo tutto, ci ha portati fin qui sani e salvi. Di fronte a noi non c'è il disastro, ma solo una piccola crisi che supereremo senza difficoltà se ci metteremo tutti a pedalare un po' più forte. E dopo veleggeremo verso un eterno futuro senza fine, e il Fulmine dei Prendi ci porterà alle stelle, alla conquista dell'universo.» Invece quell'apparecchio non vi salverà affatto. Al contrario, vi sta portando verso la catastrofe. Anche se ai pedali si metteranno cinque miliardi di persone... o dieci miliardi, o venti... non riuscirete a farlo volare. Era in caduta libera fin dall'inizio, e adesso la caduta sta per finire."

Finalmente anch'io trovai un commento da fare. — Quel che è peggio — dissi — è che i sopravvissuti, se ce ne saranno, ricominceranno a comportarsi come prima, esattamente nello stesso modo.

— Sì, temo che tu abbia ragione. Andare per tentativi non è una tecnica sbagliata per costruire un velivolo, ma può essere disastrosa per costruire una civiltà.

PARTE SETTIMA

1

— Ti propongo un enigma — disse Ishmael. — Sei arrivato in una terra lontana e ti trovi in una strana città, isolata dalle altre. La gente che incontri ti stupisce: sono tutti amichevoli, sorridenti, sani, prosperi, vigorosi, pacifici e istruiti, e ti viene detto che le cose stanno così da tempo immemorabile. Be', sei ben felice di interrompere il viaggio per fermarti lì, e una famiglia ti invita a casa sua.

"Quella sera assaggi il cibo che ti viene servito per cena e, trovandolo delizioso anche se inconsueto, chiedi che cosa sia. «È il cibo B, naturalmente» rispondono loro. «Noi non mangiamo altro.» Sorpreso, chiedi precisazioni. Loro sorridono e, indicando i loro vicini nella casa accanto, spiegano: «Quelli sono dei B, per esempio».

"«Buon Dio!» esclami inorridito. «Non vorrete dire che mangiate *le persone*?»

"Loro ti guardano perplessi e rispondono: «Mangiamo i B».

"«Che atrocità!» esclami. «Dunque loro sono i vostri schiavi? Li tenete rinchiusi in recinti?»

"«Perché mai dovremmo tenerli rinchiusi in recinti?» domandano i tuoi ospiti.

"«Ma perché non scappino, è ovvio!»

"A quel punto i tuoi ospiti cominciano a sospettare che tu sia un po' scarso di comprendonio, e ti spiegano che ai B non verrebbe mai in mente di scappare dato che il loro cibo, gli A, vive sull'altro lato della strada.

"Be', non ti annoierò con tutte le tue esclamazioni di orrore e le loro spiegazioni elusive. Alla fine riesci a mettere insieme l'orribile quadro: gli A vengono mangiati dai B, i B vengono mangiati dai C e i C, a loro volta, vengono mangiati dagli A. Non esiste nessun ordine gerarchico in questa catena alimentare. I C non spadroneggiano sui B, basandosi sul fatto che li mangiano... dopo tutto, loro stessi sono il cibo degli A. Tutto è perfettamente democratico e amichevole, mentre per te, ovviamente, tutto è perfettamente orribile. Allora provi a chiedere come fanno a vivere in quel modo sregolato, e per l'ennesima volta loro ti guardano sconcertati. «In che senso, 'sregolato'?» chiedono. «Noi abbiamo una legge e la seguiamo immancabilmente. È per questo che siamo così amichevoli, sorridenti, pacifici e tutte le altre cose che hai trovato così attraenti in noi. Questa legge sta alla base del nostro successo come comunità, e così è stato fin dal principio».

"Infine, ecco l'enigma. Senza chiederlo direttamente, come faresti a scoprire qual è la loro legge?"

Battei le palpebre per un paio di secondi. — Non ne ho idea.

— Pensaci.

— Be'... c'è una risposta ovvia: la loro legge dice che gli A mangiano i C, i B mangiano gli A e i C mangiano i B.

Ishmael scosse la testa. — Queste sono preferenze alimentari. Non hanno certo bisogno di una legge.

— Allora mi serve qualche altra informazione. Tutto quello che conosco sono le loro preferenze alimentari.

— Hai altri tre elementi su cui basarti: loro hanno una legge, la seguono invariabilmente, hanno una società che funziona alla perfezione.

— È comunque molto poco. A meno che non si tratti di qualcosa del tipo: «Siate sereni».

— Non ti ho chiesto di indovinare quale sia la legge. Ti ho chiesto di escogitare *un metodo* per scoprirlo.

Io sprofondai nella sedia, incrociai le braccia sull'addome e fissai il soffitto. Dopo qualche minuto mi venne un'idea. — Esiste una punizione per chi infrange la legge?

— La morte.

— Allora aspetterei che ci fosse un'esecuzione.

Ishmael sorrise. — Ingegnoso, ma non è un metodo. E poi trascuri il fatto che tutti osservano la legge invariabilmente: non c'è mai stata nessuna esecuzione.

Sospirai e chiusi gli occhi. Pochi minuti dopo riprovai. — Osservazione. Un'attenta osservazione per un lungo periodo.

— Non basta. Che cosa cercheresti?

— Quello che loro *non fanno*. Quello che non fanno mai.

— Bene. Ma come faresti a eliminare ciò che non è rilevante? Per esempio, potresti scoprire che non dormono mai a testa in giù o che non tirano sassi alla Luna. Ci sarebbero un milione di cose che non fanno mai ma che non sarebbero necessariamente proibite dalla legge.

— Giusto. Dunque, vediamo. Hanno una legge, la seguono invariabilmente e secondo loro... mmm. Secondo loro, l'obbedienza a questa legge ha creato una società che funziona alla perfezione. Devo accettare anche questo punto?

— Certo. Fa parte dell'ipotesi.

— Allora questo eliminerebbe la maggior parte degli aspetti irrilevanti. Il fatto che non dormano mai a testa in giù non avrebbe niente a che vedere con una società che funziona bene. Vediamo. In effetti... quello che cercherei sarebbe... be', mi avvicinerei al problema da due lati. Da una parte mi chiederei: «Che cos'è che fa funzionare la società?» e dall'altra: «Che cosa *non fanno* per far funzionare la società?».

— Bravo. E adesso, dato che sei arrivato a questa brillante conclusione, ti darò un'occasione: alla fin fine, ci sarà un'esecuzione. Per la prima volta nella storia, qualcuno ha infranto la legge che sta alla base della società. Tutti sono indignati, inorriditi, esterrefatti. Prendono il trasgressore, lo tagliano a pezzetti e buttano i pezzi in pasto ai cani. Questo dovrebbe essere un grosso aiuto per individuare la legge.

— Già.

— Io farò finta di essere il tuo ospite. Abbiamo appena assistito all'esecuzione, e tu puoi chiedermi ciò che vuoi.

— D'accordo. Che cosa aveva fatto quell'uomo?

— Aveva infranto la legge.

— Sì, ma in particolare, che cos'aveva fatto?

Ishmael si strinse nelle spalle. — Viveva in modo contrario alla legge. Ha fatto ciò che nessuno fa mai.

Lo fissai. — Non è onesto. Non rispondi a nessuna domanda.

— Ti dico che l'intera triste storia è di pubblico dominio, ragazzo. La sua biografia, dettagliatissima, è disponibile alla biblioteca.

Sbuffai.

— Allora, come intendi usare questa biografia? Non dice certo come quell'uomo ha infranto la legge, ma è un resoconto completo di come viveva, e naturalmente la maggior parte delle notizie che contiene sono irrilevanti.

— Okay, ma mi fornisce un'altra linea di ricerca. Adesso ne ho tre: che cosa fa funzionare la società, che cosa loro non fanno mai, e che cos'ha fatto quell'uomo che loro non fanno mai.

2

— Molto bene. Queste tre sono precisamente le guide a tua disposizione per trovare la legge che governa la vita anche qui. Sul nostro pianeta la comunità della vita funziona bene da tre miliardi di anni... anzi, funziona egregiamente. I Prendi si tirano indietro inorriditi di fronte a questa comunità, giudicandola una società caotica, feroce e sregolata, competitiva e implacabile, nella quale ogni creatura vive nel terrore di morire. Ma quelli della tua specie che vi appartengono non la pensano così, e sarebbero disposti a sacrificare la vita pur di non esserne separati.

"In realtà si tratta di una comunità ordinata. Le piante verdi sono il cibo dei mangiatori di piante, i quali sono il cibo dei predatori, e alcuni predatori sono il cibo di altri predatori. Ciò che rimane è il cibo degli animali che si nutrono di carcasse, che restituiscono alla terra il nutrimento necessario alle piante verdi. È un sistema che ha funzionato alla perfezione per miliardi di anni. La gente del cinema ama le scene di sangue e battaglia, ed è logico, ma qualunque naturalista potrebbe dirti che le varie specie non sono affatto in guerra tra loro. La gazzella e il leone sono nemici soltanto nella mente dei Prendi. Il leone che incrocia un branco di gazzelle non scatena un massacro, come farebbe un nemico. Ne uccide solo una, e non per un odio atavico ma per soddisfare la sua fame; dopo che ha ucciso, le gazzelle possono continuare a pascolare tranquillamente con il leone in mezzo a loro.

"Questo accade perché esiste una legge che nella comunità viene seguita invariabilmente: se non ci fosse, allora sì la comunità cadrebbe nel caos e in breve tempo si disgregherebbe e scomparirebbe. Perfino gli uomini devono la propria esistenza a questa legge. Se le altre specie non la osservassero, non avrebbero potuto né nascere né sopravvivere. La legge non protegge soltanto la comunità nel suo complesso ma anche le singole specie e perfino gli individui. Capisci?"

— Capisco quello che dici, ma non ho idea di quale legge si tratti.

— Ti sto mettendo in evidenza i suoi effetti.

— Ah. D'accordo.

— È la legge della pace, la legge che impedisce alla comunità di trasformarsi in un caos ruggente, come la considerano i Prendi. È la legge che favorisce la vita in ogni aspetto... vita per l'erba, per le cavallette che mangiano l'erba, per le quaglie che mangiano le cavallette, per le volpi che mangiano le quaglie, per i corvi che mangiano le volpi morte.

"Il pesce con le pinne a spatola che per primo si spinse sulle spiagge continentali poté nascere perché, prima di lui, centinaia di milioni di generazioni avevano seguito questa legge. E alcuni di questi pesci divennero anfibi seguendo questa legge. E alcuni anfibi divennero rettili. E alcuni rettili divennero uccelli e mammiferi. E alcuni mammiferi divennero primati. E un ramo dei primati divenne australopiteco. E l'australopiteco divenne *homo habilis*. E l'*homo habilis* divenne *homo erectus*. E l'*homo erectus* divenne *homo sapiens*. E l'*homo sapiens* divenne *homo sapiens sapiens* sempre seguendo questa legge.

"Poi, circa diecimila anni fa, un ramo della famiglia *homo sapiens sapiens* disse: «L'uomo è esente dalla legge. Gli dèi non volevano che vi fosse soggetto.» E subito dopo costruì una civiltà che si burlava della legge in ogni suo aspetto: entro cinquecento generazioni, un batter d'occhio nella scala dei tempi biologica, quel ramo della famiglia *homo sapiens sapiens* vide che aveva condotto il mondo sulla soglia della catastrofe. E la spiegazione che diede per quella calamità fu... quale?

— Eh?

— L'uomo è vissuto su questo pianeta senza provocare danni per tre milioni di anni, mentre i Prendi sono riusciti a portare tutto al collasso in sole cinquecento generazioni. Come lo spiegano, loro?

— Ho capito. Lo spiegano con il fatto che c'è nell'uomo qualcosa di fondamentalmente sbagliato.

— Non è tanto il comportamento dei Prendi a essere sbagliato, quanto qualcosa di insito nella natura umana.

— Appunto.

— Come ti sembra questa spiegazione, adesso?

— Comincia a suscitarmi qualche dubbio.

— Bene.

3

— Al tempo in cui i Prendi fecero il loro goffo ingresso nel Nuovo Mondo e cominciarono a distruggere tutto, i Lascia di qui stavano cercando una risposta a questa domanda: «È possibile avere insediamenti stabili rispettando la legge che seguiamo fin dall'inizio dei tempi?» Certo non voglio dire che la domanda fosse posta in modo consapevole. I Lascia non erano consapevoli di questa legge più di quanto i primi aeronauti fossero consapevoli delle leggi dell'aerodinamica. Ma ugualmente erano alle prese con questo problema, e abbandonavano un apparecchio-civiltà dopo l'altro cercandone uno che fosse in grado di volare. Tuttavia, procedendo così, l'impresa era lenta. Operando solo per tentativi ci avrebbero messo altri diecimila anni... o forse cinquantamila. Evidentemente erano abbastanza saggi da capire che non c'era fretta. Nessuno li *obbligava* a spiccare il volo. Per loro non aveva senso affidarsi a un apparecchio-civiltà che fosse destinato al disastro, come avevano fatto i Prendi.

Ishmael si interruppe, e quando vidi che non continuava chiesi: — E poi?

Lui raggrinzì le guance in un sorriso. — Poi te ne vai e torni quando sei pronto a dirmi quale legge, o gruppo di leggi è stato presente nella comunità della vita fin dall'inizio dei tempi.

— Non sono sicuro di essere pronto.

— È stato il nostro obiettivo negli ultimi tre o quattro giorni, se non fin dall'inizio: fare in modo che tu fossi pronto.

— Ma non saprei da che parte cominciare.

— Certo che lo sai. Hai le stesse tre guide che avevi nel caso degli A, dei B e dei C: la legge che stai cercando viene osservata invariabilmente dalla comunità della vita da tre miliardi di anni. — Annuì, rivolto all'esterno. — Ed è per questo che *le cose sono andate così.* Se questa legge non fosse stata osservata fin dall'inizio dei tempi, da tutte le generazioni che si sono susseguite, i mari sarebbero deserti senza vita e la terraferma sarebbe ancora polvere che soffia nel vento. Tutte le innumerevoli forme di vita che conosci sono arrivate all'esistenza seguendo questa legge, e seguendo questa legge è nato l'uomo. E soltanto una volta nella storia del pianeta una specie ha cercato di vivere sfidando questa legge... anzi, non un'intera specie ma un popolo: quello che ho chiamato i Prendi. Diecimila anni fa quest'unico popolo ha detto: «Basta. L'uomo non è nato per essere soggetto a questa legge» e ha cominciato a vivere in un modo che si beffa della legge in ogni suo aspetto. Nella civiltà dei Prendi ogni proibizione della legge è diventata una *linea di condotta fondamentale.* E adesso, dopo cinquecento generazioni, quella civiltà sta per scontare la punizione che ogni altra specie avrebbe scontato per avere vissuto contro la legge.

Ishmael voltò le mani a palme in alto. — Dovrebbe essere un indizio sufficiente.

4

La porta si chiuse dietro di me e io restai lì fermo. Non potevo tornare dentro e non volevo tornare a casa, quindi restai dove mi trovavo. Avevo la mente vuota e mi sentivo depresso. Senza una ragione al mondo, mi sembrava di essere stato rifiutato.

Le faccende di casa erano indietro sotto ogni punto di vista. Inoltre ero in ritardo sul lavoro: non avevo rispettato nessuna scadenza. In più, adesso Ishmael mi aveva dato un compito che non mi entusiasmava per niente. Era tempo di darsi da fare e mettere la testa a posto, quindi feci una cosa che non mi capita spesso: uscii e mi ubriacai. Avevo bisogno di parlare con qualcuno, e chi beve da solo è fortunato in questo senso: ha sempre qualcuno con cui parlare.

Dunque, qual era la fonte di quel misterioso senso di depressione e di rifiuto? E perché era spuntato proprio quel giorno? Risposta: proprio quel giorno Ishmael mi aveva mandato via perché lavorassi da solo. Avrebbe potuto risparmiarmi l'indagine che stavo per intraprendere, e invece aveva deciso diversamente. Quindi era un rifiuto, più o meno. Era infantile prenderla a quel modo, lo ammetto, ma non ho mai preteso di essere perfetto.

C'era anche qualcos'altro, però, perché mi sentivo ancora depresso. Il secondo bourbon mi aiutò a venirne a capo: stavo facendo progressi. Proprio così. Ecco qual era l'origine della mia depressione.

Ishmael aveva un programma. Be', certo, perché no? Lo aveva sviluppato con un lavoro di anni, un allievo dopo l'altro. Era più che giusto. Avere un progetto è necessario: parti da qui, poi arrivi là, poi un po' più in là e ancora più in là, e alla fine, *voilà!* Un bel giorno hai finito. Grazie per la partecipazione, auguri per il resto della tua vita e ricordati di chiudere la porta quando esci.

Quanto lontano ero arrivato? Ero a metà strada? A un terzo? Un quarto? Dovunque fossi, ogni progresso mi avrebbe portato un po' più vicino a uscire dalla vita di Ishmael.

Qual è la definizione più impietosa per descrivere questo mio modo di affrontare la situazione? Egoismo? Possessività? Meschinità? Me le merito tutte, e non cerco scuse.

Dovevo accettare la conclusione: non volevo soltanto un maestro, io volevo un maestro... per tutta la vita.

111

PARTE OTTAVA

1

Mi ci vollero quattro giorni per trovare la legge. Passai il primo a ripetermi che non ce l'avrei mai fatta, altri due a lavorarci, e l'ultimo ad assicurarmi di esserci riuscito. Il quinto tornai da Ishmael. Nel dirigermi verso l'appartamento, mi ripetevo mentalmente quello che avrei detto, e cioè: «Credo di avere capito perché hai insistito che facessi da solo».

Mi riscossi dai miei pensieri e per un istante rimasi disorientato. Avevo dimenticato che cosa mi aspettava in quel posto: la stanza vuota, la sedia solitaria, la lastra di vetro dietro la quale brillavano i due occhi.

Stupidamente, balbettai un saluto al nulla.

Poi Ishmael fece una cosa che non aveva mai fatto prima. Mentre mi salutava sollevò il labbro superiore mettendo in mostra una fila di denti ambrati, grossi come gomiti.

Mi affrettai a sedermi e attesi il suo cenno come uno scolaro.

— Credo di avere capito perché hai insistito che facessi da solo — dissi. — Se il lavoro l'avessi fatto tu al posto mio, mettendo in evidenza ciò che fanno i Prendi e nessun altro nella comunità naturale, avrei detto: «Be', certo. E allora?».

Ishmael grugnì. — Talvolta le cose ovvie possono essere illuminanti, se vengono apprese in modo inconsueto.

— È questa la tua forza.

— Basta con le chiacchiere. Procedi.

— Va bene. Da quello che ho capito, ci sono quattro cose che i Prendi fanno e il resto della comunità no, e sono tutte fondamentali nella loro civiltà. Primo: sterminano i loro avversari, il che non succede mai in natura. In natura, gli animali difendono il proprio territorio e le proprie prede e invadono il territorio degli avversari per appropriarsi delle loro prede. Alcune specie hanno come avversari addirittura le proprie prede, ma in nessun caso danno loro la caccia soltanto per ucciderli, come fanno i contadini e gli allevatori con i coyote, le volpi e i corvi. La preda che uccidono, la mangiano.

Ishmael annuì. — È tutto vero, ma bisogna aggiungere che gli animali uccidono anche per autodifesa, o addirittura quando si sentono sfidati. I babbuini, per esempio, a volte attaccano un leopardo che non li ha attaccati. Ciò che conta, però, è che per quanto i babbuini possano cercare il cibo, non cercheranno mai i leopardi.

— Temo di non avere capito.

— Voglio dire che, in mancanza di cibo, i babbuini si organizzeranno per cercarne; e invece, in mancanza di leopardi, non si organizzeranno mai per cercarne uno. In altre parole, è come dici tu: quando gli animali vanno a caccia, anche animali particolarmente aggressivi come i babbuini, è per cercare nutrimento, non per sterminare gli avversari o comunque gli animali che si nutrono di loro.

— Sì adesso è chiaro.

— Ma come fai a essere sicuro che questa legge viene seguita invariabilmente, pur ammettendo che in "natura", come la chiami tu, non si sono mai viste specie concorrenti sterminarsi l'un l'altra?

— Se non fosse seguita invariabilmente, allora le cose, come dici tu, non sarebbero andate così. Se le specie avversarie si dessero la caccia solo per eliminarsi a vicenda, allora non ci sarebbero più avversari. A ogni livello resterebbe soltanto una specie: la più forte.

— Continua.

— Secondo: i Prendi distruggono sistematicamente il cibo dei loro avversari per dare spazio al proprio. Niente del genere accade nella comunità naturale. Lì la regola è: prendi ciò che ti serve e lascia stare il resto.

Ishmael annuì.

— Terzo: i Prendi impediscono ai loro avversari l'accesso al cibo. In natura la regola è: puoi impedire ai tuoi avversari l'accesso a quello che stai mangiando, ma non al cibo in generale. In altre parole si può dire: «Questa gazzella è mia» ma non: «*Tutte* le gazzelle sono mie». Il leone difende la propria preda, ma non considera il branco una sua proprietà.

— Giusto. Ma immagina di allevare un branco di gazzelle per conto tuo, dal niente. In questo caso potresti difenderlo?

— Non saprei. Credo di sì, purché io non pretenda che tutti i branchi di gazzelle del mondo siano miei.

— E potresti impedire ai tuoi avversari l'accesso al cibo che coltivi?

— Ripeto... La *nostra* politica è: ogni centimetro quadrato di questo pianeta ci appartiene quindi, se decidiamo di sfruttarlo completamente, allora sarà bene che i nostri avversari si estinguano, e tanto peggio per loro. La nostra politica è impedire ai nostri avversari l'accesso a *tutto il cibo del mondo*, e di sicuro non c'è nessun'altra specie che lo faccia.

— Le api impediscono a chiunque di accedere al contenuto del loro alveare sul melo, ma non impediscono di cogliere le mele.

— Appunto.

— Bene. Ma tu dici che c'è una quarta cosa che fanno i Prendi e nessuno fa in "natura", come la chiami tu.

— Sì. In natura il leone uccide una gazzella e la mangia. Non ne uccide un'altra per il giorno dopo. Il cervo mangia l'erba che trova. Non ne taglia dell'altra per l'inverno. Invece i Prendi si comportano così.

— Sembri meno convinto di questo punto.

— È vero, sono meno convinto. Ci sono alcune specie che mettono da parte il cibo, come le api, anche se la maggior parte non lo fa.

— In questo caso non hai notato un fatto ovvio: *ogni* creatura vivente mette da parte il cibo. Alcune lo accumulano nei loro corpi, come i leoni, i cervi e gli uomini. Altre non possono farlo per costituzione, quindi lo accumulano all'esterno.

— Già.

— Non esiste alcuna proibizione contro le riserve di cibo. *Non può* esistere, perché è un elemento essenziale del sistema: l'erba accumula cibo per gli erbivori, gli erbivori accumulano cibo per i carnivori, e così via.

— È vero, non ci avevo pensato.

— C'è nient'altro che facciano soltanto i Prendi, nella comunità della vita?

— Niente che io abbia osservato. O, almeno, niente di rilevante per il funzionamento della comunità.

2

— Questa legge che hai così mirabilmente illustrato definisce i limiti della competizione nella comunità della vita. Si può competere fino ai limiti delle proprie capacità, ma non si possono eliminare i propri avversari né distruggere il loro cibo né impedire loro l'accesso al cibo. In altre parole, si può competere ma non scatenare una guerra.

— Già. Come hai detto, è una legge che mantiene la pace.

— E qual è il suo effetto? Che cosa favorisce?

— Be'... favorisce l'ordine.

— Certo, ma adesso c'è qualcos'altro che vorrei mettere in luce. Che cosa sarebbe successo se la legge fosse stata abrogata dieci milioni di anni fa? Che cosa sarebbe adesso, la comunità della vita?

— Mi costringi a ripetermi: ci sarebbe una sola forma di vita a ogni livello di competizione. Se tutte le razze che si contendono l'erba si fossero combattute per dieci milioni di anni, devo concludere che a questo punto sarebbe rimasto un unico vincitore. E probabilmente ci sarebbe un unico vincitore tra tutti gli insetti, tra gli uccelli, tra i rettili, e così via. La stessa cosa varrebbe a ogni livello.

— E dunque la legge che cosa favorisce?

— Be'... la pace.

— Rifletti. Qual è la differenza tra la comunità che hai appena descritto e quella che esiste in realtà?

— Direi che la comunità che ho descritto sarebbe composta da poche decine o poche centinaia di specie. Quella che esiste in realtà ne conta milioni.

— E dunque la legge che cosa favorisce?

— La differenziazione.

— Esatto. E che cosa c'è di positivo nella differenziazione?

— Non saprei. Di sicuro è più... interessante.

— Cosa ci sarebbe di male in una comunità globale che comprendesse soltanto erba, leoni e gazzelle? Oppure in una comunità globale che comprendesse soltanto riso ed esseri umani?

Guardai nel vuoto per qualche secondo. — Credo che una comunità simile sarebbe ecologicamente fragile. Sarebbe molto vulnerabile: ogni minimo cambiamento nella situazione generale farebbe crollare tutto.

Ishmael annuì. — La differenziazione è un fattore di sopravvivenza *per la comunità*. Una comunità che comprende cento milioni di specie può sopravvivere quasi a ogni tipo di catastrofe planetaria. Tra quei cento milioni ce ne sono centomila che sopravviverebbero a una diminuzione di venti gradi della temperatura media... il che sarebbe enormemente più catastrofico di quel che sembra. E tra quei cento milioni ce ne sono centomila che sopravviverebbero a un *aumento* di venti gradi. Invece una comunità di cento o di mille specie ha un valore di sopravvivenza praticamente nullo.

— Giusto. E attualmente c'è un'offensiva in atto contro la differenziazione. Ogni giorno scompaiono decine di specie proprio a causa del comportamento competitivo, estraneo alla legge, tipico dei Prendi.

— Adesso che sai dell'esistenza di una legge, ti sei fatto un'opinione diversa di ciò che sta accadendo?

— Sì. Quello che facciamo non mi sembra più un errore: non stiamo distruggendo il mondo per la nostra goffaggine, ma perché gli abbiamo deliberatamente dichiarato guerra.

3

— Come hai detto, la comunità della vita sarebbe distrutta se ogni specie si escludesse dalle regole di competizione stabilite dalla legge. Ma cosa succederebbe se a farlo fosse soltanto *una* specie?

— A parte l'uomo?

— Sì. Ma ovviamente avrebbe un'astuzia e una determinazione pari a quelle dell'uomo. Immagina di essere una iena: perché mai dovresti dividere la selvaggina con quei pigri e dispotici leoni? Ogni volta la stessa storia: tu uccidi una zebra e subito arriva un leone che ti caccia via e si serve per primo, mentre tu resti in disparte in attesa dei suoi avanzi. Ti sembra giusto?

— Pensavo che andasse al contrario... i leoni uccidono la preda e le iene li infastidiscono con le loro incursioni.

— Anche i leoni uccidono alcune prede, non c'è dubbio, ma non si tirano certo indietro quando possono appropriarsi di quelle altrui.

— Okay.

— Dunque non ne puoi più dei leoni. Che faresti?

— Li sterminerei.

— E quali sarebbero le conseguenze?

— Be'... fine delle ruberie.

— Di che cosa vivono i leoni?

— Zebre, gazzelle... selvaggina in genere.

— Ma adesso i leoni non ci sono più. Come cambierebbero le cose, per voi?

— Ho capito dove vuoi arrivare. Per noi ci sarebbe più selvaggina.

— Fino a quando?

Lo guardai con espressione vacua.

— Va bene. Davo per scontato che conoscessi l'ABC dell'ecologia. Nella comunità naturale, quando aumenta la disponibilità di cibo aumenta la popolazione. Quando la popolazione aumenta, la disponibilità di cibo diminuisce; e quando la disponibilità di cibo diminuisce, diminuisce la popolazione. Ciò che mantiene l'equilibrio è proprio l'interazione tra numero di prede e numero di cacciatori.

— Lo sapevo benissimo... solo che non ci avevo pensato.

— D'accordo — ribatté Ishmael seccato, aggrottando la fronte. — Allora pensaci.

Scoppiai a ridere. — Okay. Dunque, eliminati i leoni c'è più cibo per noi iene e la nostra popolazione cresce. Continua a crescere finché la selvaggina non comincia a diminuire, poi si riduce.

— In circostanze normali andrebbe così, ma voi le avete cambiate, le circostanze. Avete deciso che la legge della competizione limitata non si applica alle iene.

— Giusto. Quindi elimineremmo gli altri concorrenti.

— Non farti tirare fuori le parole una alla volta. Vai fino in fondo.

— Okay. Vediamo... dopo che avremo ucciso gli altri concorrenti, la nostra popolazione crescerà finché la selvaggina non comincerà a ridursi. Non essendoci altri concorrenti da uccidere, dovremo aumentare la quantità di selvaggina... Non riesco a vederle, le iene, nel ruolo di allevatori.

— Avete ucciso tutti i vostri concorrenti, ma anche la selvaggina ha i suoi avversari: quelli che le contendono l'erba, i quali diventano dunque vostri avversari di secondo grado. Uccideteli e ci sarà più erba da mangiare per la selvaggina.

— Giusto. Più erba per la selvaggina significa più selvaggina, il che significa più iene, il che significa... che cosa ci è rimasto da uccidere?

Ishmael si limitò a inarcare un sopracciglio.

— Non è rimasto più niente.

— Pensaci.

Pensai. — D'accordo, abbiamo eliminato i nostri avversari diretti e quelli di secondo grado. Adesso potremmo eliminare quelli di terzo grado: le piante che contendono all'erba lo spazio e la luce.

— Esatto. Di conseguenza ci sarà più erba per la vostra selvaggina e più selvaggina per voi.

— È buffo... I contadini e i mandriani lo considerano quasi un dovere sacrosanto eliminare tutto ciò che non possono mangiare. Eliminare tutto ciò che mangia ciò che loro mangiano. Eliminare tutto ciò che non sia commestibile per ciò che loro mangiano.

— È senz'altro un dovere sacrosanto, nella cultura dei Prendi. Più avversari vengono eliminati, più esseri umani possono venire al mondo, e questo lo rende il più sacro dei compiti. Nel momento in cui ci si dichiara esentati dalla legge della competizione limitata, ogni cosa al mondo diventa un nemico da sterminare... eccetto il proprio cibo e il cibo del proprio cibo.

4

— Come vedi, il fatto che una sola specie si dichiari estranea a questa legge ha lo stesso effetto che se lo facessero tutte. Alla fine, il risultato è una comunità nella quale la differenziazione viene progressivamente eliminata per permettere l'espansione di una singola specie.

— Già. Si arriva per forza al punto a cui sono arrivati i Prendi... a insistere nell'eliminare i propri avversari, a insistere nell'aumentare le proprie riserve di cibo, a insistere nel chiedersi come risolvere l'esplosivo aumento demografico. Come ce la siamo cavata fino a ieri? Producendo maggiori quantità di cibo per nutrire la popolazione in più.

— «Intensificare la produzione per nutrire una popolazione più vasta conduce a un'ulteriore crescita della popolazione». Lo ha detto Peter Farb nel libro *Umanità*.

— Secondo te è un paradosso?

— No, *secondo lui* è un paradosso.

— Perché?

Ishmael si strinse nelle spalle. — Si rendeva conto che in natura ogni specie, senza eccezioni, non smette di moltiplicarsi finché non glielo impedisce la mancanza di cibo. Ma, come ben sai, Madre Cultura insegna che una simile legge non si applica all'uomo.

— Già.

5

— Avrei una domanda — dissi. — Nel corso dell'ultima discussione continuavo a chiedermi se anche l'agricoltura non fosse contraria alla legge. Cioè, sembrerebbe contraria per definizione.

— Lo è... se l'unica definizione a tua disposizione è quella dei Prendi. Ma ce ne sono anche altre. L'agricoltura non deve essere per forza una guerra contro tutte le forme di vita che non sono coltivate e controllate.

— Credo che il mio problema sia un altro: la comunità della vita è come l'economia di mercato, giusto? Cioè, se prendi di più per te, allora ce ne sarà meno per qualcun altro... o per qualcos'altro. Non è così?

— Certo. Ma qual è il tuo scopo, nel prendere di più per te? Perché lo fai?

— Be', perché è la base per avere un insediamento stabile: senza l'agricoltura non sarebbe possibile.

— Sei sicuro che sia proprio questo, lo scopo?

— Quale potrebbe essere, altrimenti?

— Non potrebbe essere il desiderio di crescere fino a possedere il mondo, di coltivare ogni centimetro quadrato di terra e costringere tutti a diventare agricoltori?

— No, certo.

— E non ti rendi conto che i Prendi si sono comportati proprio così... e continuano a farlo? È lo scopo per cui è nato il vostro sistema agricolo: non per avere insediamenti stabili, ma per *crescere*. Per crescere senza limiti.

— D'accordo, ma io voglio soltanto stabilirmi in un posto e restarci.

— Allora non è necessario scatenare una guerra.

— Però il problema rimane. Se riesco a stabilirmi in un posto, ottengo di più di quello che avevo prima. E questo *di più* da qualche parte deve pur venire.

— Sì, è vero; capisco la tua difficoltà. In primo luogo, gli insediamenti stabili non sono affatto una prerogativa solamente umana. D'altra parte, su due piedi non riesco a pensare a una sola specie che sia totalmente nomade. Esiste sempre un territorio, una zona di caccia, un luogo per gli accoppiamenti, un alveare, un nido, una greppia, un riparo, una stia, un buco, una tana. Tra gli animali esistono vari gradi di "insediamento", così come tra gli esseri umani. Perfino i cacciatori-raccoglitori non sono del tutto nomadi, e ci sono vari stadi intermedi tra loro e gli agricoltori veri e propri. Alcuni cacciatori-raccoglitori praticano una forma di raccolta intensiva per accumulare provviste ed essere maggiormente stanziali. Poi ci sono i semi-agricoltori che un po' coltivano e molto raccolgono. E infine ci sono i quasi-agricoltori che molto coltivano e un po' raccolgono. E così via.

— Ma questo non riguarda il problema principale.

— Lo riguarda sì, ma tu sei costretto a osservarlo in un modo e uno soltanto. Il tuo limite è questo: quando apparve l'*homo habilis* o, meglio, quando apparve quel particolare adattamento che viene chiamato *homo habilis*, doveva esserci *qualcosa* che gli lasciasse il posto. Non voglio dire che qualche altra specie abbia dovuto estinguersi ma che, fin dal primo istante, l'*homo habilis* si è trovato in competizione con *qualcos'altro*. Non con una, ma con mille cose... che dovevano tutte diminuire sotto qualche aspetto per lasciargli spazio. Lo stesso vale per ogni specie comparsa su questo pianeta.

— D'accordo. Ma ancora non capisco che cosa c'entra con gli insediamenti stabili.

— Allora non mi ascolti. Gli insediamenti stabili sono un adattamento biologico praticato in misura diversa da *tutte* le specie, compresa quella umana. E tutte cercano di difendere il proprio adattamento contro gli altri. In altre parole, gli insediamenti stabili dell'umanità non sono *contrari* alla legge sulla competizione, ma ne sono *soggetti*.

— Ah, ecco. Sì, adesso ho capito.

6

— Allora, che cos'abbiamo scoperto?

— Che se una qualunque specie si ritiene esentata dalle regole della competizione, finisce per distruggere la comunità per fare posto a se stessa.

— Qualunque specie? Uomo compreso?

— Certo, naturalmente. E infatti è andata proprio così.

— Dunque riconosci che questo risultato... almeno questo... non è dovuto a una misteriosa perversione della razza umana. A trasformare i popoli della tua cultura nei distruttori del mondo non è stato un imponderabile difetto intrinseco.

— No. Sarebbe stato lo stesso per ogni specie... o, almeno, per ogni specie abbastanza decisa da andare fino in fondo. Purché sia vero che un aumento del cibo disponibile è sempre seguito da un aumento della popolazione.

— Data una crescente disponibilità di cibo, qualunque popolazione si espande. Vale per ogni specie, compresa quella umana. I Prendi lo dimostrano da diecimila anni: per tutto questo tempo hanno continuato ad aumentare la produzione di cibo per nutrire una popolazione più numerosa, e ogni volta la popolazione è aumentata ulteriormente.

Rimasi a riflettere per un minuto, e alla fine dichiarai: — Madre Cultura non è d'accordo.

— Certo che no. Sono sicuro che dissente con la massima decisione. Che cosa dice, invece?

— Che riusciremo a produrre più cibo *senza* aumentare la popolazione.

— A quale scopo? Perché produrre più cibo?

— Per dare da mangiare a milioni di persone che muoiono di fame.

— E quando darete loro da mangiare vi farete promettere che non si riprodurranno più?

123

— Be'... no, questo non è previsto.

— E allora che cosa succederà quando darete da mangiare a tutti questi milioni di persone che muoiono di fame?

— Si riprodurranno, e la popolazione aumenterà.

— Senza dubbio. Nella vostra cultura questo esperimento è stato provato e riprovato per diecimila anni, un anno dopo l'altro, con un risultato assolutamente prevedibile: produrre più cibo per nutrire più persone ha come conseguenza un ulteriore aumento della popolazione. È talmente ovvio e inevitabile che aspettarsi qualcosa di diverso significa abbandonarsi ai sogni, sia da un punto di vista biologico sia da un punto di vista matematico.

— Però... — Mi interruppi e riflettei ancora un po'. — Madre Cultura dice che, al momento giusto, il problema sarà risolto dal controllo delle nascite.

— Esatto. Se mai farai la stupidaggine di affrontare una simile discussione con qualche amico, scoprirai che tutti tirano un sospiro di sollievo quando si ricordano che esiste questa soluzione. «Uuuf! Argomento chiuso!» È come l'alcolizzato che giura che smetterà di bere prima di rovinarsi la vita. Il controllo mondiale della popolazione è sempre qualcosa che si avrà in futuro: doveva verificarsi *in futuro* quando eravate tre miliardi, nel 1960, e adesso che siete cinque miliardi è ancora qualcosa che si avrà *in futuro*.

— Te lo concedo. Però potremmo arrivarci davvero.

— Certo che potreste... ma non recitando questa particolare storia. Finché continuerete a recitarla, la risposta alla fame nel mondo sarà una maggiore produzione di cibo. Hai mai visto pubblicità di gruppi che mandano aiuti alimentari a chi muore di fame?

— Sì.

— E hai mai visto pubblicità di gruppi che mandino anticoncezionali?

— No.

— Giammai. Madre Cultura parla con lingua biforcuta, su questo argomento: quando le dite *esplosione demografica* risponde *controllo mondiale delle nascite*; ma quando dite *fame* risponde *aumento della produzione*. Ma purtroppo l'aumento della produzione si verifica ogni anno, mentre il controllo mondiale delle nascite non si verifica mai.

— È vero.

— Complessivamente, nella vostra cultura non esiste alcuna fiducia nel controllo mondiale delle nascite. E il punto più significativo è che questa fiducia non ci sarà mai finché reciterete una storia secondo la quale gli dèi hanno creato il mondo a uso e consumo dell'uomo: Madre Cultura continuerà a chiedervi di aumentare la produzione per oggi, e a promettere il controllo delle nascite per domani.

— Sì, questo l'ho capito. Ma vorrei chiederti una cosa.

— Di' pure.

— Quello che dice Madre Cultura sulla fame nel mondo lo so già. Ma *tu* che cosa ne dici?

— Io? Niente, a parte che la tua specie non è esente dalle realtà biologiche che regolano le altre.

— Ma come si applica questo alla fame?

— La fame non è un'esclusiva degli uomini. La patiscono tutte le specie, in tutto il mondo. Quando una specie si moltiplica al di là delle sue risorse alimentari, la popolazione diminuisce finché non si ristabilisce un equilibrio. Madre Cultura afferma che l'umanità è esente da questo processo, e dunque quando un popolo si moltiplica al di là delle sue risorse alimentari fa affluire cibo dall'esterno, garantendo così che nella generazione successiva ci saranno più persone a patire la fame. Dal momento che a quel popolo non viene permesso di diminuire al punto di mantenersi con le proprie risorse, per lui la fame diventerà una condizione cronica.

— Già. Qualche anno fa ho letto sul giornale che in un convegno un ecologo ha sostenuto lo stesso punto di vista.

Non l'avesse mai fatto! In pratica l'hanno accusato di essere un assassino.

— Sì, lo immagino. I suoi colleghi in tutto il mondo avranno capito alla perfezione quel che intendeva dire, ma hanno avuto il buon senso di non sfidare Madre Cultura nel pieno della sua generosità. Se quarantamila persone abitano in una zona che può sostentarne solo trentamila, non è certo un atto di generosità inviare cibo dall'esterno per mantenerle tutte e quarantamila: serve solo a garantire che la fame continuerà.

— È vero, ma anche così non è facile restare a guardare mentre muoiono.

Ishmael emise un rombo che ricordava un vulcano. — Chi ha parlato di restare a guardarli mentre muoiono? Se non potete portare dentro il cibo, potete sempre portare fuori loro, no?

— Sì, credo di sì.

— Allora spostate i diecimila di troppo in qualche zona del mondo dove ci sia abbondanza di cibo... l'Italia, le Hawaii, la Svizzera, il Nebraska, l'Oregon, il Galles.

— Non credo che un'idea simile sarebbe molto popolare.

— Dunque preferite esercitare la vostra filantropia mantenendo quarantamila persone in uno stato di inedia cronica.

— Temo che sia così.

— Bella generosità.

7

— Come vedi — disse Ishmael — ho lasciato un libro vicino alla sedia.

Era *Il retaggio americano: il libro degli indiani*.

— Dato che siamo più o meno sull'argomento del controllo delle nascite, eccoti una mappa che forse troverai illuminante: quella degli insediamenti tribali. — Dopo che l'ebbi studiata per qualche secondo, mi domandò che cosa ne pensavo.

— Non credevo che ce ne fossero così tanti. Tanti popoli diversi.

— Non sono vissuti tutti nello stesso periodo, ma la maggior parte sì. Mi piacerebbe che tu riflettessi su come hanno fatto a limitare la loro crescita.

— E la mappa dovrebbe aiutarmi?

— Ho voluto dimostrarti che questo continente era ben lontano dall'essere spopolato. Il controllo delle nascite non era un lusso: era una necessità.

— D'accordo.

— Qualche idea?

— Guardando la mappa, vuoi dire? No, temo di no.

— Rispondi a questa domanda: che cosa fa la gente della vostra cultura quando non ne può più di vivere nelle affollate regioni nordorientali?

— Semplice. Va in Arizona, nel New Mexico, in Colorado... i vasti spazi liberi.

— E cosa fanno i Prendi che vivono nei vasti spazi liberi?

— Niente. Mettono sulle macchine adesivi che dicono SE AMI IL NEW MEXICO TORNA DA DOVE SEI VENUTO.

— Ma nessuno torna da dov'è venuto.

— Già. Anzi, continuano ad arrivarne.

— E perché i Prendi del luogo non mettono un argine alla piena? Perché non riducono la popolazione del Nordest?

— Non vedo come potrebbero farlo.

— Riassumendo, abbiamo un'esuberante e perenne sorgente di nuovi nati in una parte del paese, senza che nessuno faccia niente per interromperla perché l'eccesso di popolazione può sempre riversarsi nei vasti spazi liberi dell'Ovest.

— Esatto.

127

— Però quegli stati hanno dei confini. Perché non tengono fuori gli intrusi?

— Perché i confini sono solo linee immaginarie.

— Appunto. Per trasformarti in un abitante dell'Arizona devi solo attraversare una linea immaginaria e stabilirti lì. Attorno a ogni popolo dei Lascia, invece, i confini segnati su quella mappa non erano affatto immaginari: erano confini culturali. È questo il punto da notare. Se i Navajo cominciavano a sentirsi stretti, non potevano dire: «Che importa? Gli Hopi hanno un sacco di vasti spazi liberi. Andiamo là e diventiamo Hopi.» Un simile ragionamento sarebbe stato inconcepibile. Riassumendo: gli abitanti di New York possono risolvere i loro problemi di sovrappopolazione diventando abitanti dell'Arizona, mentre i Navajo non potevano in nessun caso diventare Hopi. I loro confini culturali erano tali che nessuno poteva attraversarli a suo piacimento.

— È vero. Però i Navajo potevano attraversare i confini *territoriali* degli Hopi anche senza attraversare i loro confini culturali.

— Vuoi dire che potevano invadere il territorio Hopi. Certo, senza dubbio. Ma ciò non modifica la mia tesi. Se un Navajo si spingeva in territorio Hopi non gli davano un modulo da riempire... lo uccidevano. Era un sistema che funzionava. Costituiva un notevole incentivo alla limitazione delle nascite.

— Ci credo.

— Quei popoli non limitavano le nascite per il bene dell'umanità o per il bene dell'ambiente. Lo facevano solo perché, in genere, era più semplice che entrare in guerra con i loro vicini. Ovviamente, alcuni popoli non tentavano affatto di limitare le nascite perché non avevano remore a entrare in guerra con i loro vicini. Non vorrei darti l'impressione che quello fosse un regno pacifico, un'utopia. In un mondo dove nessun Grande Fratello sorveglia il comportamento di tutti e garantisce a tutti il diritto di proprietà, è vantaggioso avere una reputazione di temerarietà e di ferocia... e non ci si conquista una reputazione simile inviando ai propri confinanti messaggi indignati. Si deve far sapere con precisione che cosa succederà se non limitano le nascite e non rimangono all'interno del loro territorio.

— Capisco. Quindi si limitavano l'un l'altro.

— Sì, ma non soltanto erigendo invalicabili confini territoriali: anche i loro confini culturali dovevano essere invalicabili. In nessun caso l'eccedenza di popolazione dei Narraganset avrebbe potuto radunarsi e spostarsi a ovest verso i Cheyenne: i Narraganset dovevano restare dov'erano e limitare le nascite.

— Già. Ecco un altro caso in cui la differenziazione sembra funzionare meglio dell'omogeneità.

8

— Una settimana fa, quando parlavamo di leggi — disse Ishmael — hai affermato che esiste un unico tipo di legge sul modo in cui la gente deve vivere: quello che può cambiare con un voto. Che cosa ne dici, adesso? Le leggi che governano la competizione nella comunità possono essere cambiate da un voto?

— No, però non sono assolute come le leggi dell'aerodinamica: possono essere violate.

— Le leggi dell'aerodinamica possono essere violate?

— No. Se un aeroplano non viene costruito in conformità con quelle leggi, non vola.

— Ma se lo spingi oltre un precipizio riesce a volare, no?

— Per un po'.

— Lo stesso vale per una civiltà che non si basi sulla legge della competizione limitata. Per un po' vola, ma dopo precipita. Non è appunto questo il problema che la gente della tua cultura si trova ad affrontare?

— Già.

— Ti rifaccio la domanda in un altro modo. Sei proprio sicuro che se una specie si esclude sistematicamente dalla legge della competizione limitata finirà per distruggere la comunità, allo scopo di sostenere la propria espansione?

— Sì.

— E allora che cos'abbiamo scoperto?

— Abbiamo scoperto una nozione sul modo in cui la gente dovrebbe vivere. Anzi, *deve* vivere.

— E tu, solo una settimana fa, dicevi che una simile nozione non poteva esistere.

— Sì, però...

— Dimmi.

— Non capisco come... Aspetta un momento.

— Fa' con comodo.

— Non capisco come questa nozione possa essere valida *in generale*. Cioè, non vedo come si possa applicarla ad altri campi.

— Le leggi dell'aerodinamica dicono come riparare geni danneggiati?

— No.

— Allora a che servono?

— Servono... be', a permettere di volare.

— La legge che abbiamo delineato serve a permettere alle varie specie, compresa quella umana, di vivere... o, meglio, di sopravvivere. Non vi dirà se le droghe che alterano il comportamento devono essere legalizzate o no, e neppure se i rapporti prematrimoniali siano un bene o un male, o se la pena capitale sia giusta o sbagliata. Vi dirà soltanto come dovete vivere se volete evitare l'estinzione, e questa è la prima e più importante informazione che occorre a chiunque.

— È giusto, però...

— Sì?

— Però la gente della mia cultura non l'accetterà.

— Intendi dire che la gente della tua cultura non accetterà quello che hai appreso?

— Esatto.

— Sarà meglio chiarire subito ciò che accetteranno o che non accetteranno. La legge in sé è fuori discussione: nella comunità della vita è evidentissima. Ciò che i Prendi negheranno è che si applichi all'umanità.

— Esatto.

— Non c'è da stupirsene. Madre Cultura può accettare il fatto che la casa dell'umanità non sia al centro dell'universo. Può accettare che l'uomo sia stato creato dal fango. Ma non accetterà mai che l'uomo non sia esente dalla legge che impone la pace alla comunità della vita. Se lo facesse sarebbe la sua fine.

— E allora? Non è forse un'impresa disperata?

— Non del tutto. Che dobbiate dimenticare Madre Cultura è ovvio, se volete sopravvivere, ma la tua cultura potrebbe farcela. Dopo tutto lei esiste soltanto nelle vostre menti: non appena smetterete di ascoltarla non ci sarà più.

— D'accordo. Ma non credo che la gente lo permetterà.

Ishmael scrollò le spalle. — Allora ci penserà la legge: se rifiutano di vivere secondo le sue direttive, non vivranno. Si potrebbe definire uno dei suoi effetti fondamentali: chi minaccia la stabilità della comunità sfidando la legge, automaticamente si elimina.

— I Prendi non l'accetteranno mai.

— Che l'accettino o no non significa nulla. Sarebbe come se un uomo saltasse oltre un precipizio perché non accetta la legge di gravità. I Prendi sono sul punto di eliminare se stessi, e quando l'avranno fatto l'equilibrio si ristabilirà e il danno da voi arrecato comincerà a essere riparato.

— Già.

— D'altra parte, tu mi sembri irragionevolmente pessimista a questo proposito. Secondo me, moltissime persone hanno capito che il gioco è finito e sono pronte ad ascoltare qualcosa di nuovo... anzi, *vogliono* ascoltare qualcosa di nuovo, proprio come te.

— Mi auguro che tu abbia ragione.

9

— Non sono del tutto soddisfatto del modo in cui abbiamo formulato la legge — dissi.

— No?

— Ne parliamo come di *una* legge, ma in realtà sono tre. O, comunque, io ho individuato tre leggi.

— Sono come tre rami. Ciò che tu cerchi è il fusto, qualcosa che suona come: «Nessuna specie può appropriarsi della vita in tutto il pianeta».

— Sì, è ciò che garantiscono le regole della competizione.

— Quella era solo *una* espressione della legge. Eccone un'altra: «il mondo non è stato creato per una sola specie».

— Sì. Di conseguenza, l'uomo non è stato creato per conquistare e governare il mondo.

— Questo è un balzo eccessivo. Secondo la mitologia dei Prendi il mondo aveva bisogno di un dominatore perché gli dèi avevano fatto una gran confusione. Avevano creato una giungla, un caos di ruggiti, un'anarchia. Ma lo era davvero?

— No. Era tutto molto ordinato. Sono stati i Prendi a introdurre il disordine nel mondo.

— Era sufficiente, e lo è ancora, la regola dettata da quella legge. All'umanità non è richiesto di rimettere ordine nel mondo.

— Giusto.

— I popoli della tua cultura si aggrappano con fanatismo e tenacia alla "diversità" dell'uomo. Vogliono a tutti i costi vedere un abisso fra l'umanità e il resto della creazione. E questo mito della superiorità umana li giustifica nel fare del mondo ciò che desiderano, proprio come il mito di Hitler sulla superiorità ariana lo giustificava nel fare dell'Europa ciò che desiderava. Ma, a conti fatti, un simile mito non è del tutto soddisfacente, perché i Prendi sono profondamente soli: per loro il mondo è un territorio nemico e dovunque si stabiliscano vivono come un esercito di occupazione, estraniati e isolati nella loro straordinaria diversità.

— Va bene. Ma dove vuoi arrivare?

Anziché rispondere alla domanda, Ishmael ribatté: — Assassini, malati di mente, suicidi e drogati sono rarissimi tra i Lascia. Come lo spiega Madre Cultura?

— Forse perché... Madre Cultura dice che i Lascia sono troppo primitivi per avere di questi problemi.

— In altre parole, assassini, malati di mente, suicidi e drogati sono una caratteristica delle culture progredite.

— Esatto. Nessuno lo afferma a chiare lettere, ma lo pensano tutti: questi problemi sono il prezzo del progresso.

— Nella vostra cultura esiste una corrente di pensiero quasi opposta, che ha avuto largo seguito per circa un secolo. Opposta nella spiegazione che dà al perché tra i Lascia questi problemi sono rari.

Ci riflettei per un minuto. — Ti riferisci alla teoria del Buon Selvaggio... ma temo di non conoscerla nei dettagli.

— Ma una vaga impressione ce l'avrai.

— Sì.

— Ed è proprio quello che aveva largo seguito nella vostra cultura: non la teoria dettagliata ma una vaga impressione.

— Già. A grandi linee, l'idea è che vivendo a contatto con la natura un popolo tende a essere buono. Sarà la vista di tutti quei tramonti e di tutti quei temporali. Non lo so... Come si fa ad ammirare un tramonto e subito dopo andare a incendiare il teepee del proprio vicino? Vivere a contatto con la natura è un toccasana per la serenità mentale.

— Ti renderai conto, mi auguro, che io non sostengo niente di simile.

— Già. Ma *che cosa* sostieni?

— Finora abbiamo dato uno sguardo alla storia che i Prendi hanno recitato negli ultimi diecimila anni, ma anche i Lascia recitano una propria storia.

— In che senso?

— Se fai un viaggio tra i popoli della vostra cultura... cinesi, giapponesi, indiani, inglesi... ciascuno ti trasmetterà una diversa immagine di sé, e tuttavia recitano tutti la stessa storia: la storia dei Prendi.

— D'accordo.

— Lo stesso vale per i Lascia. I boscimani africani, gli alawa australiani, i kreen-akrore brasiliani, i navajo nordamericani ti trasmetteranno ciascuno una diversa immagine di sé, e tuttavia anche loro recitano la stessa storia: la storia dei Lascia.

— Ho capito: non conta ciò che si dice ma il modo in cui si vive.

— Giusto. La storia che i Prendi hanno recitato negli ultimi diecimila anni non solo è disastrosa per l'umanità e per il mondo, ma in fondo è anche insana e insoddisfacente. È un sogno megalomane, e recitarlo ha fornito ai Prendi una cultura intessuta di avidità, crudeltà, malattie mentali, delitti e dipendenza dalla droga.

— Già, sembra proprio di sì.

— La storia che i Lascia hanno recitato negli ultimi tre milioni di anni non è una storia di dominio e conquista. Recitarla non li ha portati al potere, ma ha dato loro vite soddisfacenti e colme di significato. Ecco che cosa scoprirai, se andrai tra loro: non vivono in preda a un perenne malcontento o a un desiderio di ribellione, non si azzuffano di continuo su che cosa dev'essere proibito o permesso, non si accusano a vicenda di non comportarsi nel modo giusto, non vivono nel terrore del prossimo, non impazziscono perché le loro vite sono vuote e senza scopo, non devono intontirsi con la droga per avere la forza di arrivare al giorno dopo, non inventano una nuova religione ogni settimana per avere qualcosa a cui aggrapparsi, non sono eternamente alla ricerca di qualcosa da realizzare o in cui credere, che renda la vita degna di essere vissuta. E, lo ripeto, questo non succede perché vivono a contatto con la natura, o perché non hanno un governo organizzato oppure perché possiedono una bontà innata. Succede soltanto perché recitano una storia che è adatta alla gente, che ha funzionato per tre milioni di anni e che funziona ancora oggi, dove i Prendi non sono riusciti ad annientarla.

— Okay, sembra fantastico. Quando la tiriamo fuori quest'altra storia?

— Domani. O, meglio, domani cominceremo.

135

PARTE NONA

1

Il giorno dopo, al mio arrivo, scoprii che c'era una nuova sistemazione: Ishmael non si trovava più dietro il vetro ma dalla mia parte della stanza, sdraiato su alcuni cuscini a circa un metro dalla sedia. Non mi ero reso conto di quanto fosse diventata importante quella lastra di vetro nei nostri rapporti: per essere sincero, sentii nello stomaco una contrazione di paura. La vicinanza di quella massa enorme mi sconcertava, ma non esitai più di una frazione di secondo prima di prendere posto sulla sedia e rivolgergli il consueto cenno di saluto. Lui ricambiò, ma mi sembrò di cogliere un bagliore di diffidenza nei suoi occhi, come se quella prossimità turbasse lui quanto me.

— Prima di continuare — disse Ishmael dopo qualche secondo — vorrei correggere un concetto errato. — Prese un album da disegno dov'era stato tracciato un diagramma.

— Non è una visualizzazione particolarmente difficile. Rappresenta la linea storica dei Lascia — disse.

— Sì, è chiaro.

Aggiunse qualcosa al diagramma e me lo mostrò di nuovo.

— La deviazione che inizia verso l'8000 avanti Cristo rappresenta la linea storica dei Prendi.

— D'accordo.

— E quale evento rappresenta questo? — domandò, toccando con la matita il puntino sopra l'8000 a.c.

— La rivoluzione agricola.

— È un evento avvenuto in un momento preciso o in un certo arco di tempo?

— In un certo arco di tempo, credo.

— Allora che cosa rappresenta il puntino sopra l'8000 a.C?

— L'inizio della rivoluzione.

— Dove lo metto il puntino che ne rappresenta la fine?

— Ah — esclamai stupidamente. — Non saprei. Non avevo idea che coincidesse con qualche evento particolare.

— Nessuno ha stappato una bottiglia di champagne?

— Non saprei.

— Pensaci.

Ci pensai, e dopo un po' dissi: — Va bene. È strano che non lo insegnino a scuola. Ricordo che mi hanno spiegato la rivoluzione agricola, e poi basta.

— Continua.

— Non è finita: si è soltanto estesa. Ha continuato a estendersi da quando è iniziata, diecimila anni fa. Si è estesa sul nostro continente nel Diciottesimo e nel Diciannovesimo secolo. Attualmente si sta estendendo in alcune zone della Nuova Zelanda, dell'Africa e del Sudamerica.

— Naturalmente. Quindi capisci che la vostra rivoluzione agricola non è un evento come la guerra di Troia, isolata in un lontano passato e priva di influenze dirette sulla vita quotidiana. L'opera iniziata da quei contadini del Neolitico nel Vicino Oriente è stata portata avanti una generazione dopo l'altra, senza interruzione, fino al presente. È la base della vostra civiltà di oggi esattamente come era la base di quel primo villaggio di contadini.

— Sì, capisco.

— Questo dovrebbe aiutarti a comprendere perché la storia che raccontate ai vostri bambini sul significato del mondo, i propositi degli dèi e il destino dell'uomo ha un'importanza così profonda per i popoli della vostra cultura: perché è il manifesto della rivoluzione sulla quale questa cultura si fonda. È la miniera di tutte le vostre rivoluzionarie teorie e l'espressione suprema del vostro spirito ribelle. Spiega perché quella rivoluzione era necessaria e perché dev'essere portata avanti a ogni costo.

— Sì — dissi. — È un concetto assoluto.

2

— Circa duemila anni fa — continuò Ishmael — nella vostra cultura si verificò un evento deliziosamente ironico. I Prendi... non tutti, ma in larga parte... adottarono una storia che sembrava loro gravida di significato e di mistero. Arrivava da un popolo di Prendi del Vicino Oriente, che la raccontava ai propri figli da innumerevoli generazioni, al punto che era diventata un mistero anche per loro. Lo sai perché?

— Perché era diventata un mistero? No.

— Perché coloro che per primi l'avevano raccontata... i loro primi antenati... non erano Prendi, ma Lascia.

Mi afflosciai contro lo schienale della sedia, battendo le palpebre. Poi gli chiesi se per favore mi ripeteva le ultime parole.

— Circa duemila anni fa, i Prendi adottarono una storia che aveva avuto origine tra i Lascia molti secoli prima.

— Okay, e dov'è l'ironia?

— L'ironia è che un tempo i Lascia raccontavano ai loro figli proprio quella storia... per spiegare le origini dei Prendi.

— E allora?

— I Prendi adottarono *come propria* una storia dei Lascia sulle loro origini.

— Temo di non arrivarci.

— Che tipo di storia potevano raccontare i Lascia a proposito della comparsa dei Prendi?

— Non ne ho idea.

Ishmael mi fissò con occhi da gufo.

— A quanto pare hai dimenticato di prendere le tue pillole per il cervello, stamattina. Non importa, ti racconterò io una storia, e dopo capirai.

— D'accordo.

Ishmael spostò la sua massa monumentale sui cuscini e io, senza volerlo, chiusi gli occhi e mi dissi: "Se in questo momento qualcuno aprisse la porta ed entrasse, che cosa penserebbe?"

3

— Per governare il mondo — disse Ishmael — si deve possedere una conoscenza molto speciale. Sono certo che te ne rendi conto.

— Francamente non ci ho mai pensato.

139

— I Prendi questa conoscenza la possiedono, è ovvio...
o almeno così immaginano... e ne sono molto, molto orgo-
gliosi. Si tratta della conoscenza suprema, una conoscenza
assolutamente indispensabile per chi governa il mondo. E
che cosa credi abbiano scoperto i Prendi, quando sono andati tra i Lascia?

— Non capisco.

— Hanno scoperto che i Lascia non possedevano questa
conoscenza. Interessante, no?

— Non saprei.

— Rifletti. I Prendi possiedono una conoscenza che con-
sente di governare il mondo, e i Lascia no: ecco quel che
scoprirono i missionari quando andarono tra i Lascia. Ne ri-
masero sconvolti, perché ritenevano che quella conoscenza
fosse evidente a chiunque.

— Non capisco di quale conoscenza parli.

— Di quella necessaria per governare il mondo.

— D'accordo. Ma, stringi stringi, di che cosa si tratta?

— Lo scoprirai da questa storia. Per il momento l'obiettivo è capire *chi possiede questa conoscenza*. Ti ho già detto
che i Prendi ce l'hanno, ma questo era scontato, no?, visto
che governano il mondo.

— Sì.

— E i Lascia non ce l'hanno, e anche questo era scontato,
giusto?

— Credo di sì.

— Dimmi, allora: chi altri potrebbe avere questa conoscenza, oltre ai Prendi?

— Non ne ho idea.

— Pensa mitologicamente.

— Va bene... Be', gli dèi.

— Certo. E questo è il soggetto della mia storia: come
gli dèi acquisirono la conoscenza necessaria a governare il
mondo.

4

Un giorno (cominciò Ishmael) gli dèi stavano discutendo come al solito sull'amministrazione del mondo, e uno di loro disse: «C'è un posto a cui pensavo da un po'... una savana estesa e molto bella. Potremmo inviare in quella terra una gran moltitudine di locuste, così che il fuoco della vita divampi prodigiosamente in esse e negli uccelli e nelle lucertole che le mangeranno, e questo sarà buono e giusto.»

Gli altri ci pensarono per un po', quindi uno disse: «È senz'altro vero che se in quella terra invieremo le locuste, in esse arderà il fuoco della vita, così come nelle creature che di esse si nutrono... ma a spese delle altre creature che vivono lì».

Gli altri gli chiesero che cosa intendeva, e lui continuò. «Sarebbe certo un grave delitto privare del fuoco della vita tutte le altre creature per dare una breve prosperità alle locuste, agli uccelli e alle lucertole. Infatti le locuste spoglierebbero la terra, e cervi, gazzelle, capre e conigli patirebbero la fame e morirebbero. E una volta scomparsa la selvaggina, ben presto morirebbero anche i leoni, i lupi e le volpi. Non credete che questi animali ci maledirebbero e ci chiamerebbero assassini per aver favorito, a loro danno, le locuste, gli uccelli e le lucertole?»

A quel punto gli dèi dovettero far lavorare le meningi, perché non avevano mai considerato la faccenda sotto una simile luce. Infine uno di loro parlò. «Non vedo che problema ci sia: basta non fare niente. Se non diamo vita a una moltitudine di locuste per mandarle in quella terra, le cose continueranno come prima e nessuno avrà motivo di maledirci.»

La maggioranza degli dèi pensò che il ragionamento fosse giusto, ma uno non era d'accordo. «Questo sarebbe un delitto grave quanto l'altro» spiegò. «Perché mai le locuste, gli uccelli e le lucertole non dovrebbero vivere come gli altri nelle nostre mani? Dunque per loro non verrà mai il tempo di prosperare?»

Mentre gli dèi discutevano, una volpe uscì dalla sua tana per andare a caccia, e qualcuno disse: «Mandiamole una quaglia per nutrirla». Ma queste parole erano appena state pronunciate che subito un altro ribatté: «Sarebbe certo un delitto far vivere la volpe a spese della quaglia. Anche alla quaglia abbiamo concesso la vita, ed essa vive nelle nostre mani. Sarebbe una vergogna mandarla a morire tra le fauci della volpe!»

Poi un altro disse: «Guardate! La quaglia sta per catturare una cavalletta! Se non daremo la quaglia alla volpe, mangerà la cavalletta. Non abbiamo forse concesso la vita anche alla cavalletta, come alla quaglia, e non vive forse anche lei nelle nostre mani? Certo sarebbe un delitto *non* dare la quaglia alla volpe, e dunque non lasciar vivere la cavalletta.»

Be', come puoi immaginare, gli dèi erano molto turbati e non sapevano che fare. E mentre discutevano arrivò la primavera e sui monti le nevi cominciarono a sciogliersi e a raccogliersi in torrenti, e uno di loro disse: «Certo sarebbe un delitto lasciare che le acque sommergessero la terra, poiché innumerevoli creature verrebbero spazzate via e morirebbero». E subito un altro ribatté: «Certo sarebbe un delitto *non* lasciare che le acque sommergessero la terra, poiché altrimenti le paludi e gli stagni si seccherebbero e le creature che vi abitano morirebbero». E una volta ancora gli dèi si ritrovarono nella più gran confusione.

Finalmente uno di loro ebbe un'idea nuova. «È evidente che ogni nostra azione è buona per alcuni e malvagia per altri, quindi non dobbiamo fare niente del tutto. In tal modo nessuna delle creature che vivono nelle nostre mani ci chiamerà assassini.»

«Sciocchezze» sbottò un altro. «Anche non fare niente del tutto sarà un bene per alcuni e un male per altri. Le creature che vivono nelle nostre mani diranno: "Ecco, noi soffriamo e gli dèi non fanno niente!".»

E mentre continuavano a litigare, le locuste sciamarono nella savana. Così le locuste, gli uccelli e le lucertole lodarono gli dèi, mentre la selvaggina e i predatori morirono maledicendo gli dèi. E poiché gli dèi non avevano mosso un dito, la quaglia sopravvisse e la volpe tornò affamata alla sua tana maledicendo gli dèi. E dal momento che era sopravvissuta, la quaglia mangiò la cavalletta che morì maledicendo gli dèi. E poiché alla fine gli dèi decisero di arginare l'inondazione delle acque primaverili, le paludi e gli stagni si seccarono e le migliaia di creature che vi abitavano morirono maledicendo gli dèi.

E udendo tutte quelle maledizioni, gli dèi gemevano: «Abbiamo trasformato il giardino in un luogo di terrore, e tutti coloro che vi abitano ci odiano e ci chiamano tiranni e assassini. E non hanno torto perché, grazie all'azione o all'inazione, noi un giorno facciamo del bene e il giorno dopo del male senza sapere che cosa sia giusto.

La savana devastata dalle locuste risuona di maledizioni e noi non sappiamo come rispondere. La volpe e la cavalletta ci maledicono perché abbiamo lasciato vivere la quaglia, e noi non sappiamo come rispondere. Certo il mondo intero maledice il giorno in cui l'abbiamo creato, perché noi siamo degli assassini che mandano di volta in volta il bene e il male, pur essendo consapevoli in ogni istante che non sappiamo come comportarci.»

Dunque gli dèi stavano sprofondando in un abisso di disperazione, quando uno di loro alzò la testa e disse: «Ehi, ma non abbiamo creato nel giardino un certo albero i cui frutti danno la conoscenza del bene e del male?»

«Sì!» gridarono gli altri. «Cerchiamolo e mangiamo quei frutti e scopriamo di che conoscenza si tratta.» E quando gli dèi ebbero trovato l'albero e mangiato dei suoi frutti, i loro occhi si aprirono e tutti dissero: «Adesso sì che abbiamo la conoscenza necessaria a curare il giardino senza diventare degli assassini e senza meritarci le maledizioni di tutti coloro che vivono nelle nostre mani».

E mentre così parlavano, un leone si mise in caccia e gli dèi dissero: «Oggi è il turno del leone di patire la fame, e il cervo che avrebbe catturato può vivere un altro giorno». Così il leone non trovò la sua preda e mentre tornava al suo rifugio fece per maledire gli dèi. Ma loro gli dissero: «Rasserenati, perché noi sappiamo come governare il mondo e oggi è il tuo turno di essere affamato». E il leone fu sereno.

E il giorno dopo il leone si mise in caccia e gli dèi gli mandarono il cervo che avevano risparmiato il giorno prima. E quando il cervo sentì sul collo le zanne del leone fece per maledire gli dèi, ma loro gli dissero: «Rasserenati, perché noi sappiamo come governare il mondo e oggi è il tuo turno di morire come ieri era il tuo turno di vivere». E il cervo fu sereno.

Poi gli dèi commentarono tra loro: «Certo questa è una conoscenza davvero magnifica, poiché ci permette di governare il mondo senza essere degli assassini. Se ieri, senza possederla, avessimo lasciato che il leone tornasse a casa affamato, sarebbe stato un crimine. E se oggi, senza possederla, avessimo mandato il cervo nelle sue fauci, anche questo sarebbe stato un crimine. Invece, possedendola, abbiamo compiuto entrambe le azioni apparentemente opposte senza commettere alcun crimine.»

Ora, si dà il caso che uno degli dèi fosse lontano per una commissione, mentre gli altri mangiavano il frutto dell'albero della conoscenza, e quando tornò e udì ciò che gli altri avevano fatto a proposito del leone e del cervo, commentò: «Nel compiere queste due azioni avete senza dubbio commesso un crimine, in un caso o nell'altro, perché, essendo opposte, l'una dev'essere giusta e l'altra sbagliata. Se era giusto che il leone patisse la fame il primo giorno, allora era sbagliato mandargli il cervo il giorno dopo. O se era giusto mandargli il cervo il secondo giorno, allora era sbagliato che patisse la fame il primo giorno.»

Gli altri annuirono e risposero: «Sì, questo è proprio il modo in cui avremmo ragionato anche noi prima di mangiare all'albero della conoscenza».

«Di quale conoscenza si tratta?» chiese il dio, notando finalmente l'albero.

«Assaggia i suoi frutti» gli fu risposto. «Dopo, saprai esattamente di quale conoscenza si tratta».

Il dio li mangiò, e i suoi occhi si aprirono. «Sì, adesso capisco» esclamò.

«Questa è davvero una conoscenza appropriata agli dèi: *la conoscenza di chi deve vivere e chi deve morire.*»

5

— Nessuna domanda, fin qui? — domandò Ishmael.

Io sobbalzai, sorpreso da quell'interruzione nel racconto.

— No. È una storia affascinante.

Ishmael continuò.

6

Quando gli dèi videro che Adamo si stava svegliando, commentarono: «Ecco una creatura tanto simile a noi che potrebbe quasi fare parte del nostro gruppo. Quale durata di vita e quale destino gli assegneremo?»

Uno disse: «È davvero bello... Diamogli una vita lunga quanto quella del pianeta. Nei giorni dell'infanzia ci prenderemo cura di lui come di tutte le altre creature del giardino, così che apprenda la dolcezza di vivere nelle nostre mani. Ma nell'adolescenza inizierà a comprendere di possedere capacità molto più grandi di ogni altra creatura e diventerà insofferente delle nostre cure. Forse allora dovremo condurlo all'altro albero del giardino, l'Albero della Vita».

Un altro disse: «Guidare Adamo come un bimbo all'Albero della Vita prima che cominci a cercarlo da sé significherebbe privarlo di una grande impresa, nella quale conquisterebbe una superiore saggezza e dimostrerebbe a se stesso la propria tempra. Invece, così come presteremo le attenzioni necessarie al bimbo, non negheremo una tale Ricerca all'adolescente. Facciamo sì che questa sia l'occupazione dell'adolescenza di Adamo. In tal modo sarà lui stesso a scoprire come conquistarsi una vita lunga quanto quella del pianeta.»

Tutti sembravano d'accordo, ma uno obiettò: «Rendiamoci conto che l'impresa potrebbe essere lunga e frustrante per Adamo. La gioventù è impaziente, e dopo qualche migliaio d'anni di ricerche potrebbe perdere ogni speranza di rintracciare l'Albero della Vita. Se questo accadesse, potrebbe essere tentato di mangiare i frutti dell'Albero della Conoscenza del Bene e del Male.»

«Sciocchezze» replicarono gli altri. «Sai benissimo che i frutti di quell'albero nutrono soltanto gli dèi. Adamo non potrebbe assimilarlo, come non potrebbe assimilare l'erba dei buoi. Potrebbe metterselo in bocca e inghiottirlo, ma il frutto passerebbe nel suo corpo inutilmente. Certo non penserai che acquisirebbe la nostra stessa conoscenza, mangiando quei frutti.»

«Certo che no» ribatté il dissenziente. «Il pericolo non è che acquisisca la nostra conoscenza, ma piuttosto che *si convinca* di averla acquisita. Avendo mangiato il frutto di quell'albero, potrebbe dire a se stesso: "Ho mangiato all'albero della conoscenza degli dèi, e quindi adesso so governare il mondo bene quanto loro. Lo posso fare e quindi lo farò."»

«Assurdo» obiettarono gli altri dèi. «Come potrebbe Adamo essere tanto sciocco da immaginare di possedere la conoscenza che ci permette di governare il mondo e di comportarci come ci comportiamo? Nessuna delle nostre creature sarà mai padrona della conoscenza di chi deve vivere e chi deve morire. È una dote esclusivamente nostra, e se anche Adamo continuasse a crescere in saggezza fino all'eclissi dell'universo, quella dote sarebbe ancora fuori della sua portata, esattamente come adesso.»

Ma il dio non fu convinto da queste parole. «Se Adamo mangerà al nostro albero» insisté «non possiamo prevedere fino a che punto ingannerà se stesso. Non conoscendo la verità, potrebbe dirsi: "Qualunque cosa io giudichi giusta è buona, e qualunque cosa io non consideri giusta è cattiva".»

Ma gli altri lo schernirono e dissero: «Questa non è la conoscenza del bene e del male».

«Certo che no» replicò il dio «ma Adamo come farebbe a saperlo?».

Gli altri scrollarono le spalle. «Forse nella sua infanzia Adamo potrà credere di essere abbastanza saggio da governare il mondo, ma che importa? Una simile sciocca arroganza scompare con la maturità.»

«Ah sì?» replicò il dio. «Ma in preda a questa sciocca arroganza, Adamo riuscirà a sopravvivere fino alla maturità? Sarà capace di tutto, credendosi nostro pari. Nella sua presunzione potrebbe guardarsi intorno nel giardino e dire: "Qui è tutto sbagliato. Perché dovrei condividere il fuoco della vita con tutte queste creature? Guarda là: i leoni, i lupi e le volpi catturano la selvaggina che servirebbe a me. Questo è male. Li ucciderò tutti, e sarà una cosa buona. E guarda là: i conigli, le cavallette e i passeri mangiano i frutti della terra che servirebbero a me. Questo è male. Li ucciderò tutti, e sarà una cosa buona. E guarda là: gli dèi hanno posto un limite alla mia crescita come a quella di ogni altra creatura. Questo è male. Io crescerò senza limiti prendendo per me tutto il fuoco della vita che fluisce nel giardino, e sarà una cosa buona." Ditemi... se andasse così, quanto sopravviverebbe Adamo prima di divorare il mondo intero?»

«Se andasse così» risposero gli altri «Adamo divorerebbe il mondo in un sol giorno, e alla fine di quel giorno divorerebbe se stesso».

«Proprio così» confermò il dio. «A meno che non riuscisse a fuggire da questo mondo. E allora, dopo il mondo, divorerebbe l'universo intero; ma, anche così, finirebbe inevitabilmente per divorare se stesso come è destino per tutto ciò che cresce senza limiti.»

«Sarebbe davvero una fine terribile per Adamo» disse un altro. «Ma non potrebbe arrivare allo stesso destino anche senza mangiare all'Albero della Conoscenza del Bene e del Male? Non potrebbe essere tentato dalle sue smanie di crescita di prendere nelle proprie mani il fuoco della vita anche senza illudersi che fosse giusto?»

«È possibile» confermarono tutti. «Ma quale sarebbe il risultato? Diventerebbe un criminale, un fuorilegge, un ladro di vita e un assassino delle creature che lo circondano. Senza l'illusione di fare la cosa giusta... e quindi di doverla fare a ogni costo... sarebbe ben presto disgustato della sua vita di fuorilegge. In verità questo *deve* succedere nel corso della sua ricerca dell'Albero della Vita. Ma se mangerà il frutto della nostra conoscenza, allora si scrollerà di dosso ogni disgusto. Dirà: "Che importa se sono stanco di essere l'annientatore di tutto quanto è vivo intorno a me? Io conosco il bene e il male, e questo modo di vivere è buono. Dunque devo continuare a vivere così anche se mi disgusta, anche se distruggerò il mondo e persino me stesso. Gli dèi hanno scritto nel mondo una legge che tutti devono seguire, ma io ne sono dispensato perché sono uguale a loro. Quindi vivrò al di fuori della legge e crescerò senza limiti. I limiti sono un male. Ruberò il fuoco della vita dalle mani degli dèi e lo ammasserò per crescere, e sarà una cosa buona. Strapperò il giardino dalle mani degli dèi e gli darò un nuovo ordine perché serva soltanto alla mia crescita, e sarà una cosa buona. E poiché sono cose buone, devono essere ottenute a ogni costo. Forse distruggerò il giardino e lo ridurrò in rovina. Forse la mia progenie brulicherà sulla Terra come uno sciame di locuste, la denuderà, affogherà nelle sue stesse immondizie, odierà la sola vista dei propri simili e impazzirà. Ma dovrà continuare, perché crescere senza limiti è giusto, mentre accettare i limiti della legge è sbagliato. E se qualcuno dirà: 'Liberiamoci del fardello di questa vita criminale e torniamo a vivere nelle mani degli dèi' io lo ucciderò, perché ciò che dice è male. E se qualcuno dirà: 'Giriamo le spalle alla nostra miseria e cerchiamo l'altro albero' io lo ucciderò, perché ciò che dice è male. E quando alla fine tutto il giardino sarà soggiogato al mio uso e consumo e ogni razza inutile alla mia crescita sarà eliminata e tutto il fuoco della vita fluirà nella mia progenie, io dovrò crescere ancora. E ai popoli di questa terra dirò: 'Moltiplicatevi, perché questo è bene' e loro si moltiplicheranno. E quando non potranno crescere di più, i popoli di questa terra si scaglieranno sui loro vicini per ucciderli, così da poter crescere ancora. E se i gemiti della mia progenie riempiranno l'aria in tutto il pianeta, io dirò loro: 'Dovete sopportare le vostre sofferenze, perché soffrite per la causa del bene. Non vedete quanto siamo diventati grandi? Controllando la conoscenza del bene e del male, ci siamo trasformati nei padroni del mondo e gli dèi non hanno potere su di noi. Anche se i vostri lamenti riempiono l'aria, non è dolce vivere nelle nostre stesse mani, piuttosto che in quelle degli dèi?'»

E quando gli dèi udirono questo, capirono che tra tutti gli alberi del giardino soltanto l'Albero della Conoscenza del Bene e del Male poteva distruggere Adamo. Così gli dissero:

«Potrai mangiare i frutti di ogni albero del giardino tranne quelli dell'Albero della Conoscenza del Bene e del Male, perché se li mangerai, morirai.»

7

Rimasi immobile per qualche secondo, stordito, poi ricordai di avere visto una Bibbia nell'eterogenea raccolta di libri di Ishmael. Anzi, ce n'erano tre. Le andai a prendere e dopo alcuni minuti di studio alzai gli occhi e dissi: — Qui non c'è alcun indizio sul perché quell'albero dovesse essere proibito ad Adamo.

— Ti aspettavi che ce ne fossero?

— Be'... sì.

— Sono stati i Prendi a scrivere le note, e questa storia per loro è sempre stata un mistero impenetrabile. Non sono mai riusciti a capire perché la conoscenza del bene e del male dovesse essere preclusa all'uomo. Lo sai perché?

— No.

— Perché per i Prendi è la conoscenza suprema... la più vantaggiosa per l'uomo, in assoluto. Stando così le cose, perché gli dèi avrebbero dovuto proibirgliela?

— Giusto.

— La conoscenza del bene e del male è, in ultima analisi, ciò che deve possedere chi governa il mondo, giacché ogni sua azione è buona per alcuni e cattiva per altri. È l'essenza del governo, non sei d'accordo?

— Sì.

— E l'uomo era nato per governare il mondo, giusto?

— Sì, secondo la mitologia dei Prendi.

— Allora perché gli dèi avrebbero dovuto negargli la conoscenza essenziale per portare a compimento il suo destino? Dal punto di vista dei Prendi, non aveva senso.

150

— È vero.

— Il disastro si verificò quando, diecimila anni fa, i popoli della vostra cultura dissero: «Noi siamo saggi quanto gli dèi, e possiamo governare il mondo proprio come loro». Quando assunsero *nelle proprie mani* il potere di vita e di morte sul mondo, il loro destino fu segnato.

— Già, perché in realtà non erano saggi quanto gli dèi.

— Gli dèi hanno governato il mondo per miliardi di anni, e tutto è andato bene. Dopo poche migliaia di anni di dominio umano, il mondo è in punto di morte.

— Giusto. Ma i Prendi non rinunceranno mai.

Ishmael si strinse nelle spalle. — Allora moriranno, com'è stato predetto. Gli autori di questa storia parlavano a ragion veduta.

8

— E tu dici che questa storia è stata scritta dal punto di vista dei Lascia?

— Esatto. Se fosse stata scritta dal punto di vista dei Prendi, la conoscenza del bene e del male non sarebbe mai stata proibita ad Adamo: gli sarebbe stata *affidata*. Gli dèi sarebbero andati in giro a dire: «Coraggio, Uomo, non capisci che tu non sei niente senza questa conoscenza? Smettila di sprecare i nostri doni come fanno i leoni e le gazzelle. Forza, prendi questo frutto e all'istante capirai di essere nudo... nudo come i leoni e le gazzelle, nudo di fronte al mondo, privo di potere. Andiamo, prendi questo frutto e diventa come noi. E dopo, fortunata creatura, potrai lasciare il giardino e vivere del sudore della tua fronte, com'è destino per gli esseri umani.» E se l'avesse scritta un popolo con le vostre credenze culturali, questo evento non sarebbe mai stato chiamato la Caduta, ma l'Ascesa... o, per riallacciarmi alle tue stesse parole, la Liberazione.

151

— Giustissimo... Ma ancora non mi è chiaro come questa storia si colleghi a tutto il resto.

— Stiamo estendendo la tua comprensione del *perché le cose sono andate così.*

— Non ci arrivo.

— Un minuto fa mi hai detto che i Prendi non rinunceranno mai alla loro tirannia sul mondo, per quanto male possano mettersi le cose. Come hanno fatto ad arrivare a questo punto?

Lo guardai ad occhi sbarrati.

— Sono arrivati a essere così perché hanno sempre creduto di agire per il meglio... e quindi di dover continuare sulla stessa strada a ogni costo. Hanno sempre creduto di sapere cos'era giusto e cos'era sbagliato, come gli dèi... e il loro comportamento era *giusto*. Sai come hanno fatto a dimostrarlo?

— Dovrei pensarci.

— L'hanno dimostrato costringendo tutti a comportarsi come loro, a vivere come loro. Tutti dovevano essere costretti a vivere come i Prendi perché loro conoscevano l'unico modo *giusto.*

— Sì, questo è evidente.

— Molti popoli dei Lascia hanno praticato l'agricoltura, ma non sono mai stati ossessionati dall'illusione di fare *la cosa giusta*, cioè che chiunque al mondo dovesse praticare l'agricoltura, che ogni metro quadrato di terra dovesse essere coltivato. Non dicevano ai loro vicini: «Smettetela di andare a caccia e di raccogliere frutta: è sbagliato. È un male, ve lo proibiamo. Mettetevi a coltivare la terra altrimenti vi spazzeremo via.» Ciò che dicevano, invece, era: «Volete essere cacciatori-raccoglitori? Per noi va bene. Magnifico. Noi invece vogliamo essere agricoltori. Voi resterete cacciatori-raccoglitori e noi saremo agricoltori. Non pretendiamo di sapere quale sia la strada *giusta*. Sappiamo solo quale ci piace di più.»

— Già, capisco.

— E se si stancavano di fare gli agricoltori, se si accorgevano che non gli piaceva ciò a cui quella strada li stava portando, erano capaci anche di rinunciarvi. Non dicevano a se stessi: «Be', dobbiamo continuare così fino alla morte perché questo è il modo *giusto* di vivere». Per esempio, un tempo esistette un popolo che costruì grandi canali d'irrigazione per coltivare il deserto in quella che ora è l'Arizona sudorientale. I canali vennero mantenuti in efficienza per tremila anni e grazie a essi venne edificata una civiltà molto progredita; ma alla fine quel popolo si sentì libero di dire: «Questo modo di vivere è faticoso e insoddisfacente, che vada all'inferno». Abbandonarono tutto ciò che avevano costruito e lo eliminarono così totalmente dai loro pensieri che oggi non sappiamo nemmeno come si chiamassero. L'unico nome che abbiamo per loro è quello con cui li chiamavano gli indiani Pima, "Hohokam"... coloro che svanirono.

"Per i Prendi, invece, non è così facile. Rinunciare sarebbe una vera impresa, perché il loro modo di vivere è *giusto*, e devono continuare sulla stessa strada anche a costo di distruggere il mondo, e con esso l'umanità."

— Sembra proprio così.

— Che cosa significherebbe rinunciare?

— Be'... significherebbe ammettere che hanno sempre sbagliato, che non hanno mai saputo come governare il mondo. Significherebbe... rinunciare a ogni pretesa di divinità.

— Significherebbe sputare il frutto di quell'albero e restituire il governo del mondo agli dèi.

— Sì.

9

Ishmael accennò alla pila di Bibbie ai miei piedi. — Secondo gli autori di questa storia, il popolo che viveva tra le rive

153

dei fiumi Tigri ed Eufrate mangiò il frutto dell'albero divino della conoscenza. Da dove pensi che abbiano preso questa convinzione?

— In che senso?

— Cosa può aver fatto pensare agli autori che il popolo della Mezzaluna Fertile avesse mangiato il frutto dell'albero della conoscenza? Pensi che abbiano assistito di persona alla scena? Pensi che fossero presenti quando è iniziata la vostra rivoluzione agricola?

— È una possibilità.

— Rifletti. Se fossero stati là ad assistere di persona, chi sarebbero stati?

— Ehm... già. Sarebbero stati il popolo della Caduta: i Prendi.

— E se fossero stati i Prendi, avrebbero raccontato la storia in modo diverso.

— Sì.

— Dunque gli autori di questa storia non erano presenti di persona. E allora come hanno fatto a sapere com'è andata? Come hanno fatto a sapere che i Prendi avevano usurpato il posto degli dèi nel mondo?

— Dio mio — dissi.

— Chi erano gli autori di questa storia?

— Be'... gli ebrei?

Ishmael scosse il capo. — Tra i popoli conosciuti come ebrei esisteva già una storia molto antica... e misteriosa. Gli ebrei fecero il loro ingresso nella storia come Prendi, e non volevano altro che essere simili ai loro vicini Prendi. E proprio per questo, in realtà, che i loro profeti li sgridavano con tanta energia.

— Giusto.

— Di conseguenza, benché avessero preservato la storia non la comprendevano più. Per arrivare a un popolo che la comprendesse dobbiamo trovare gli autori. Chi erano?

— Be'... gli antenati degli ebrei.

— E chi erano?

— Temo di non saperlo.

Ishmael emise un brontolio. — Senti, non posso proibirti di dire "non lo so", ma insisto perché tu ci rifletta per qualche secondo, prima di dirlo.

Ci dedicai qualche secondo, solo per non essere scortese, poi dissi: — Mi spiace. I miei ricordi di storia antica sono francamente vergognosi.

— Gli antenati degli ebrei erano i semiti.

— Ah.

— Lo sapevi, vero?

— Sì, credo di sì. Solo che...

— Che non ci hai pensato.

— Già.

Ishmael si mosse e, per essere sincero, sentii una stretta allo stomaco mentre quella mezza tonnellata di massa sfiorava la mia sedia. Se non sapete come si muovono i gorilla fate un giro allo zoo o noleggiate una videocassetta del *National Geographic*: le parole non bastano, a descriverlo.

Ishmael si mosse pesantemente, o si trascinò o caracollò verso la libreria e tornò con un atlante storico, che mi presentò aperto su una mappa dell'Europa e del Vicino Oriente. Data: 8500 a.C. Una mezzaluna simile a un falcetto quasi staccava la penisola arabica dal resto e le parole "inizio dell'agricoltura" rendevano chiaro che quel falcetto conteneva la Mesopotamia.

Alcuni puntini indicavano le zone in cui erano stati scoperti i primi insediamenti agricoli.

— Secondo me questa mappa — disse Ishmael — dà involontariamente un'impressione sbagliata. Cioè dà l'impressione che la rivoluzione agricola si sia verificata in un mondo vuoto. Per questo preferisco la mia. — Aprì il suo album e mi mostrò un disegno.

— Come vedi, qui è riportata una situazione posteriore di cinquecento anni. La rivoluzione agricola è già in pieno sviluppo. La zona nella quale si sono sviluppate le coltivazioni agricole è indicata da quelle zampe di gallina. — Passò la matita sull'area compresa tra il Tigri e l'Eufrate. — Si tratta ovviamente della terra tra i due fiumi, il luogo di nascita dei Prendi. E che cosa rappresentano i puntini, secondo te?

— I popoli Lascia?

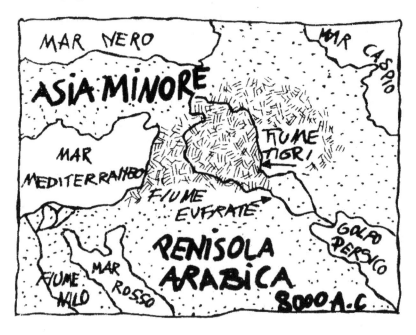

— Esattamente. Non hanno nessun rapporto con la densità di popolazione; non significano che ogni metro quadrato di terra fosse abitato da un popolo Lascia. Indicano soltanto che questa regione era ben lontana dall'essere vuota. Capisci che cosa ti sto mostrando?

— Be', penso di sì. Il territorio della Caduta è collocato in Mesopotamia, ed è circondato da popoli che non praticano l'agricoltura.

— Sì, è vero, ma sto anche cercando di mettere in chiaro che a quei tempi, cioè all'inizio della rivoluzione agricola, quei primi Prendi... i fondatori della vostra cultura... erano sconosciuti, isolati, ininfluenti. La mappa successiva, nell'atlante storico, si situa quattromila anni dopo. Che cosa ti aspetti di vedere?

— Che i Prendi si sono estesi.

Ishmael annuì, accennandomi di girare pagina. Vidi un'ellisse, con la scritta CULTURE CALCOLITICHE, che aveva al centro la Mesopotamia e racchiudeva tutta l'Asia Minore con le terre settentrionali e orientali fino al Mar Caspio e al Golfo Persico. L'ellisse si estendeva a sud fino all'inizio della penisola arabica, che era invece tutta tratteggiata e portava la scritta SEMITI.

— Ecco i testimoni — disse Ishmael.

— Come?

— I semiti non sono stati testimoni oculari degli eventi descritti nel terzo capitolo della Genesi. — Tracciò una piccola ellisse al centro della Mezzaluna Fertile. — Gli eventi complessivamente conosciuti come "la Caduta" si sono svolti qui, centinaia di chilometri a nord dei semiti e in mezzo a genti del tutto diverse. Hai capito quali?

— Secondo la mappa, dovrebbero essere i caucasici.

— Ma adesso, nel 4500 avanti Cristo, i semiti sono testimoni oculari di un evento che si svolge di fronte a casa loro: l'espansione dei Prendi.

— Sì, capisco.

— Nel corso di quattromila anni, la rivoluzione agricola iniziata nella terra dei due fiumi si è diffusa verso occidente attraverso l'Asia Minore, e verso oriente e settentrione fino alle montagne. Mentre a meridione sembra che qualcosa l'abbia bloccata... che cosa?

— I semiti, a quanto pare.

— Perché? Perché i semiti la bloccavano?

— Non lo so.

— Che cos'erano i semiti? Agricoltori?

— No. La mappa dice chiaramente che non prendevano parte a ciò che stava accadendo tra i Prendi. Quindi ne deduco che fossero Lascia.

— Sì, Lascia, ma non più cacciatori-raccoglitori. Avevano sviluppato un altro tipo di adattamento che sarebbe diventato tradizionale per i popoli semitici.

— Ah, la pastorizia.

— Certo, erano pastori. — Ishmael indicò il confine tra la cultura Calcolitica dei Prendi e i semiti. — E qui che cosa succedeva?

— Non saprei.

Lui accennò alle bibbie ai miei piedi. — Leggi la storia di Caino e Abele nella Genesi e lo saprai.

Presi la bibbia in cima al mucchio e cercai il quarto capitolo. Dopo un paio di minuti mormorai: — Santo Dio.

10

Dopo aver letto tutte e tre le versioni, alzai gli occhi e dissi: — Quello che successe al confine fu l'assassinio di Abele da parte di Caino. Gli aratori del suolo irrigarono i loro campi con il sangue dei pastori semiti.

— Naturalmente. Quello che successe in quel punto è ciò che accade sempre ai confini dell'espansione dei Prendi: i Lascia vengono sterminati affinché altra terra possa essere adibita a coltura. — Ishmael prese il suo blocco e lo aprì sulla sua personale mappa di quel periodo. — Come vedi, le zampe di gallina degli agricoltori si sono irradiate in tutta la zona, ad eccezione del territorio occupato dai semiti. Qui, sul confine che separa gli aratori del suolo dai pastori semitici, si confrontarono Caino e Abele.

Studiai la mappa per alcuni secondi, poi scossi la testa. —
E gli studiosi della Bibbia non l'hanno capito?

— Naturalmente non posso affermare che nessuno studioso l'abbia mai capito. Ma quasi tutti hanno letto la storia come
se fosse ambientata in una terra inesistente, come quella delle
favole di Esopo. Ben difficilmente avrebbero potuto intender-
la come un elemento di propaganda bellica dei semiti.

— Invece lo è, sicuro. È sempre stato un mistero perché
Dio accettasse le offerte di Abele e rifiutasse quelle di Caino. Così invece è chiaro. Con questa storia i semiti dicevano
ai loro figli: «Dio è dalla nostra parte. Lui ama noi pastori e
odia quegli assassini del settentrione che sono gli aratori del
suolo».

— Esatto. Se la leggi come una storia che abbia avuto origine tra gli antenati della vostra cultura, è incomprensibile.
Comincia ad avere un senso soltanto quando ci si rende conto che è nata tra i *nemici* dei vostri antenati.

159

— Già. — Rimasi per qualche secondo appoggiato allo schienale battendo le palpebre, poi esaminai di nuovo la mappa di Ishmael. — Se i coltivatori del suolo venuti da settentrione erano i caucasici — esclamai — allora il marchio di Caino è *questo*! — Indicai la mia faccia pallida, del colore delle larve.

— Può darsi. Ovviamente non sapremo mai con certezza che cos'avevano in mente gli autori della storia.

— Ma così ha un senso! — insistetti. — Il marchio è stato dato a Caino come avvertimento per gli altri: «Lasciate in pace quest'uomo. È pericoloso: esige una vendetta sette volte più grande». Molti popoli in tutto il mondo hanno scoperto che non conviene avere a che fare con la gente dalla faccia bianca.

Ishmael scrollò le spalle poco convinto, o forse solo poco interessato.

11

— Nella mappa precedente mi sono dato la pena di tracciare centinaia di puntini per rappresentare i popoli dei Lascia che vivevano nel Medio Oriente quando ebbe inizio la vostra rivoluzione agricola. Che cosa pensi sia successo a questi popoli nell'intervallo tra una mappa e l'altra?

— Direi che sono stati schiacciati e assimilati oppure hanno adottato anche loro l'agricoltura, imitando i Prendi.

Ishmael annuì. — Senza dubbio molti di questi popoli avevano interpretazioni personali della rivoluzione, un proprio modo di spiegare come gli uomini della Mezzaluna Fertile arrivarono a essere quelli che furono, ma soltanto uno di questi racconti sopravvisse... quello che i semiti narravano ai loro figli a proposito della Caduta di Adamo e dell'assassinio di Abele da parte di suo fratello Caino. Sopravvisse perché i

Prendi non riuscirono a schiacciare i semiti, e i semiti rifiuta-
rono di adottare una vita da agricoltori. Perfino gli ebrei, loro
discendenti e membri della cultura Prendi, che tramandaro-
no la storia pur senza capirla pienamente, non riuscivano a
dimostrare alcun entusiasmo per lo stile di vita dei contadini. E fu così che i Prendi, con la diffusione del Cristianesimo
e dell'Antico Testamento, giunsero ad adottare come propria
la storia che un tempo i loro nemici raccontavano per de-
nunciarli.

12

— Così torniamo ancora alla domanda "Dove hanno preso l'idea, i semiti, che il popolo della Mezzaluna Fertile avesse mangiato il frutto dell'albero divino della conoscenza?"
— Ah — dissi. — Direi che è stata una specie di ricostruzione. Mentre osservavano il popolo che stavano combat-
tendo, si chiesero: «Mio Dio, come hanno fatto a imboccare
questa strada?»
— E qual è stata la risposta?
— Be'... «Che cosa c'è di *sbagliato* in questo popolo? Che
cosa c'è di sbagliato nei nostri fratelli del settentrione? Perché si comportano così con noi? Agiscono come...» Lasciami
pensare un attimo.
— Pensa quanto vuoi.
— Ecco — dissi un paio di minuti più tardi. — Ai semiti la
faccenda doveva apparire così, credo. «Ciò che sta accadendo
è del tutto nuovo: queste non sono semplici scorrerie; non si
tratta di un popolo che traccia una linea di confine e scopre
i denti per farci sapere che oltre quella linea c'è lui. Quegli
uomini dicono... I nostri fratelli del settentrione dicono che
noi dobbiamo morire; dicono che Abele dev'essere spazzato
via; dicono che a noi non è consentito vivere. Dunque è qual-

cosa di nuovo, qualcosa che non riusciamo a capire. Perché non possono vivere lassù ed essere contadini, e lasciare noi quaggiù vivere ed essere pastori? Perché devono ucciderci?

"Dev'essere accaduto qualcosa di molto strano, là al nord, per trasformare questa gente in assassini. Di che cosa potrebbe trattarsi? Un momento... Guardate il modo in cui vivono: nessuno è mai vissuto così, prima. Non stanno dicendo che *noi* dobbiamo morire, ma che *tutto* deve morire. Non stanno ammazzando soltanto noi, ma ogni cosa. Loro dicono: 'Bene, leoni, siete morti. Ne abbiamo abbastanza di voi, fuori di qui.' Dicono: 'Bene, lupi, anche di voi ne abbiamo abbastanza. Fuori di qui.' Dicono: 'Nessuno deve mangiare tranne noi. Tutto il cibo ci appartiene e nessuno può averne senza il nostro consenso.' Dicono: 'Ciò che noi vogliamo che viva, vive e ciò che noi vogliamo che muoia, muore.'

"Ecco! Si comportano come se fossero loro stessi degli dèi. Come se avessero mangiato il frutto dell'albero della saggezza divina, come se fossero saggi quanto gli dèi e potessero dispensare la vita e la morte ovunque a loro piacesse. Sì, ecco. Ecco che cosa dev'essere successo lassù. Questo popolo ha trovato l'albero della saggezza degli dèi e ha rubato i suoi frutti.

"Ah! Dunque sono un popolo maledetto! Si capisce, certo. Quando gli dèi hanno scoperto quel che avevano fatto, hanno detto: 'D'accordo, popolo miserabile, ecco quanto ti meriti: non ci prenderemo più cura di te. Fuori di qui! Sei bandito dal giardino. Da questo momento, anziché vivere dei nostri doni dovrai procurarti il cibo dalla terra con il sudore della tua fronte.' Ecco perché questi maledetti aratori del suolo sono arrivati a darci la caccia e a bagnare i loro campi con il nostro sangue».

Quando ebbi finito, vidi che Ishmael avvicinava le mani in un silenzioso applauso.

Replicai con un sogghigno e un modesto cenno del capo.

162

13

— Una delle indicazioni più chiare che queste due storie non sono opera dei tuoi antenati culturali è il fatto che non descrivono l'agricoltura come una scelta desiderabile, fatta liberamente, ma piuttosto come una maledizione. Per gli autori era letteralmente inconcepibile che qualcuno potesse *scegliere* di vivere con il sudore della fronte. Quindi la domanda che si ponevano non era: «Perché questo popolo ha deciso di vivere in un modo tanto faticoso?», ma: «Quale terribile misfatto ha commesso questo popolo per meritare una punizione simile? Che cos'hanno fatto perché gli dèi sottraessero loro la grazia che permette a tutti noi di vivere una vita spensierata?»

— Sì, adesso è ovvio. Nella nostra storia culturale l'adozione dell'agricoltura era un preludio all'ascesa; in queste storie, invece, è il fardello della caduta.

14

— Ho una domanda — dissi. — Perché Caino viene citato come il primogenito di Adamo, e Abele come secondogenito? Ishmael annuì. — Il significato è più mitologico che cronologico. Cioè, un'analoga successione ricorre in ogni racconto popolare: quando un padre ha due figli, uno degno e uno indegno, quasi sempre quello indegno è l'adorato primogenito mentre l'altro è il figlio cadetto... o, in altre parole, il comprimario.

— Okay, ma perché i Lascia dovrebbero considerare se stessi come figli di Adamo?

— Attento a non confondere metafora e biologia. I semiti non consideravano affatto Adamo come il loro antenato biologico.

— Come fai a saperlo?

Ishmael rimase pensieroso per qualche secondo. — Lo sai che cosa significa *Adamo* in ebraico? Come lo chiamavano i semiti non possiamo saperlo, ma è probabile che il significato sia lo stesso.

— Credo che volesse dire "uomo".

— Esatto. La razza umana. E tu ritieni che i semiti considerassero la razza umana come il proprio antenato biologico?

— No di certo.

— Sono d'accordo. Le parentele, in questa storia, devono essere intese metaforicamente, non biologicamente. Per come la vedevano loro, la Caduta aveva diviso la razza dell'uomo in due rami: i buoni e i cattivi, pastori e aratori del suolo, con i secondi risoluti a uccidere i primi.

— Okay — dissi io.

15

— Ma temo di avere ancora un'altra domanda.

— Non occorre che ti scusi. È proprio per questo che sei qui.

— Okay. La domanda è: qual è il ruolo di Eva in tutta la faccenda?

— Che cosa significa il suo nome?

— Secondo le note significa *vita*.

— Non "donna"?

— Se le note non sono sbagliate, no.

— Con questo nome, gli autori hanno chiarito che la tentazione di Adamo non è stato il sesso, la lussuria o la sottomissione alla moglie. Adamo è stato tentato dalla *vita*.

— Non capisco.

— Rifletti: cento uomini e una donna non possono generare cento bambini, ma un uomo e cento donne sì.

— E allora?

— Ti sto facendo notare che, per quanto riguarda l'aumento della popolazione, uomini e donne rivestono ruoli decisamente differenziati. Non sono affatto uguali, sotto questo aspetto.

— D'accordo, ma ancora non capisco.

— Cercavo di farti entrare negli schemi mentali dei popoli non-contadini, per i quali il controllo della popolazione è sempre stato un problema essenziale. Ora te lo dico senza giri di parole: una tribù di pastori composta da cinquanta uomini e una donna non corre il pericolo di dover fronteggiare un'esplosione demografica, mentre una tribù composta da cinquanta donne e un uomo si trova in grossi guai. Dato che la gente è quello che è, in un battibaleno questa seconda tribù passerà da cinquantuno membri a un centinaio.

— È vero, ma temo di non capire ancora che cosa c'entri con la storia raccontata nella Genesi.

— Abbi pazienza. Torniamo agli autori: un popolo di pastori spinti verso il deserto dagli agricoltori venuti dal Nord. Perché spingevano, i loro fratelli del Nord?

— Perché volevano coltivare le terre dei pastori.

— Sì, ma *perché*?

— Ah, ho capito. Dovevano aumentare la produzione di cibo per dare da mangiare a una popolazione in crescita.

— Certo. Adesso sei pronto per un'ulteriore ricostruzione. Ti sarai reso conto che questi aratori del suolo non avevano alcun ritegno sull'espansione demografica. Loro non la controllavano affatto, la popolazione: quando il cibo cominciava a scarseggiare, si limitavano a cercare dell'altra terra da coltivare.

— Giusto.

— Quindi che cosa accettava, questo popolo?

— Mmm... Sì, credo di capire. Come in una nebbia, vagamente.

165

— Prova da questo punto di vista: i semiti, come quasi tutti i popoli non-agricoltori, dovevano essere cauti circa un eccessivo sbilanciamento tra i sessi. Troppi uomini non avrebbero minacciato la stabilità demografica, ma troppe donne sì. Fin qui è chiaro?

— Sì.

— Ciò che notarono nei fratelli del Nord fu che invece a loro non importava. Se perdevano il controllo della popolazione, non se ne preoccupavano: si limitavano a cercare dell'altra terra da coltivare.

— Sì, questo l'ho capito.

— Proviamo così: Adamo ed Eva hanno passato tre milioni di anni nel giardino, vivendo nella grazia divina, e la loro crescita è stata modesta. Secondo lo stile di vita dei Lascia, così *deve* essere. Nessun popolo Lascia ha mai sentito il bisogno di esercitare la prerogativa divina di decidere chi deve vivere e chi deve morire. Ma quando Eva offrì ad Adamo questa conoscenza, lui disse: «Sì, capisco; in tal modo non dovremo più dipendere dalla grazia divina. Prendendo nelle nostre mani la decisione di chi vivrà e chi morirà, potremo creare una grazia che esisterà per noi soli, e questo significa che Io potrò accettare la Vita e crescere senza limiti.» Quello che dovresti capire è che accettare la Vita e accettare la conoscenza del bene e del male sono soltanto due aspetti diversi della stessa azione, ed è così che la storia viene raccontata nella Genesi.

— Sì, è un ragionamento sottile ma credo di capirlo. Quando Adamo ha accettato il frutto di quell'albero, ha ceduto alla tentazione di vivere senza limiti... e perciò la persona che gli ha offerto quel frutto viene chiamata *Vita*.

Ishmael annuì. — Ogni volta che una coppia di Prendi dice quanto sarebbe bello avere una grande famiglia, torna a recitare la scena che si è svolta ai piedi dell'Albero della Conoscenza del Bene e del Male. I due dicono: «È un nostro diritto contribuire alla vita su questo pianeta quanto deside-

166

riamo. Perché fermarci a quattro bambini, o a sei? Possiamo arrivare a quindici, se vogliamo. Basta arare altri cento ettari di foresta pluviale... e che importa se alla fine saranno scomparse altre dieci specie?».

16

C'era ancora qualche pezzo che non andava al suo posto, ma non riuscivo a trovare le parole giuste.
Ishmael mi esortò a prendere tutto il tempo che mi serviva.
Dopo che mi fui spremuto le meningi per qualche minuto, lui disse: — Non aspettarti di elaborare un quadro completo nei termini della tua attuale conoscenza del mondo. I semiti, a quell'epoca, erano completamente isolati nella penisola arabica, bloccati in tutte le direzioni dal mare o dal popolo di Caino. Per quel che ne sapevano, loro e i fratelli del Nord erano letteralmente l'intera razza umana: i soli popoli sulla faccia della Terra. Questo è senza dubbio il modo in cui vedevano la storia. Non potevano non considerare l'idea che solo in quell'angolino di mondo Adamo avesse assaggiato il frutto degli dèi; e nemmeno che la Mezzaluna Fertile fosse solo una delle molte zone in cui era iniziata l'agricoltura; né potevano immaginare che esistessero altri popoli al mondo che vivevano ancora come Adamo era vissuto prima della Caduta.
— Giusto — dissi. — Stavo cercando di far combaciare questo aspetto con tutte le altre informazioni che abbiamo, ma era impossibile, ovviamente.

17

— Penso che non vi siano difficoltà ad affermare che la storia della Caduta di Adamo è la più conosciuta al mondo.

— Nel mondo occidentale senz'altro — ribattei.

— Oh, è molto conosciuta anche nel mondo orientale, da quando i missionari cristiani l'hanno portata in ogni angolo della Terra. Ha un'attrazione invincibile per i Prendi di ogni paese.

— Già.

— E perché?

— Immagino che sia perché spiega che cos'è andato storto.

— E cos'è che è andato storto? Come viene interpretata, questa storia, dalla gente comune?

— Adamo, il primo uomo, ha mangiato il frutto dell'albero proibito.

— E che cosa significa, secondo la gente?

— Francamente non saprei. Non ho mai sentito una sola spiegazione sensata.

— E la conoscenza del bene e del male?

— Anche qui, non ho mai sentito una spiegazione sensata. Credo che il modo in cui la intende la gente sia questo: gli dèi volevano mettere alla prova l'obbedienza di Adamo proibendogli qualcosa, non importa cosa. Ecco che cos'è la Caduta, in sostanza: un atto di disobbedienza.

— Niente che abbia a che fare con la conoscenza del bene e del male.

— No. Però penso che qualcuno creda che la conoscenza del bene e del male sia soltanto un simbolo di... non so bene cosa. Pensano che la Caduta sia una caduta dall'innocenza.

— E l'innocenza, in questo contesto, sarà probabilmente un sinonimo di beata ignoranza.

— Già... È qualcosa del tipo: l'uomo era innocente finché non ha scoperto la differenza tra il bene e il male. Quando non è stato più beatamente privo di questa conoscenza, è diventato una creatura "caduta".

— Temo che per me non significhi niente.

— Neanche per me, in realtà.

— Comunque, se la leggi da un altro punto di vista questa storia spiega con precisione che cos'è andato storto, giusto?

— Sì.

— Ma quelli della tua cultura non sono mai riusciti a comprenderla, perché sono sempre partiti dal presupposto che fosse formulata da persone come loro... persone che dessero per scontato che il mondo era stato creato per l'uomo e l'uomo era stato creato per conquistarlo e dominarlo; persone per le quali la conoscenza più perfetta è quella del bene e del male; persone che considerano arare la terra l'unica maniera nobile e umana di vivere. Leggendo la storia come se l'avesse scritta qualcuno che partiva dal loro punto di vista, non avevano nessuna possibilità di capirla.

— Proprio così.

— Ma se la si legge in modo diverso, c'è una spiegazione perfettamente sensata: l'uomo non può possedere la saggezza con cui gli dèi governano il mondo, e se tenta di appropriarsene il risultato non è la luce, ma la morte.

— Sì — dissi io. — Non c'è dubbio: il significato della storia è questo. Adamo non è stato il progenitore della nostra razza, ma della nostra cultura.

— Ecco perché da sempre è un personaggio tanto importante per voi. Anche se la storia in sé non ha senso, vi identificate con Adamo. Fin dall'inizio lo avete riconosciuto come uno di voi.

PARTE DECIMA

1

Senza preavviso, arrivò in città un mio zio, che si aspettava che io gli facessi da cicerone. Immaginai che me la sarei cavata in un giorno, invece ce ne vollero due e mezzo. Mi ridussi a inviargli messaggi telepatici del tipo: "Non sarebbe ora di andarsene? Non ti manca casa tua? Pensa a come sarebbe bello girare per la città da soli! Non ti viene proprio in mente che io potrei avere dell'altro da fare?" Ma non si dimostrava ricettivo.

Qualche minuto prima di uscire per accompagnarlo all'aeroporto ricevetti la telefonata di un cliente, un ultimatum: niente scuse, non voglio più sentire una parola... faccia il lavoro subito o restituisca l'anticipo. Risposi che avrei fatto il lavoro subito. Accompagnai all'aeroporto il mio ospite, tornai a casa e mi sedetti al computer. Non era poi un gran lavoro, mi dissi... inutile fare tutto il viaggio fino in centro solo per dire a Ishmael che non mi sarei fatto vedere per un paio di giorni.

Ma nelle ossa e nelle viscere sentivo un brivido di apprensione.

Io tiro sempre per le lunghe, con i denti... non lo fanno tutti? Non ho tempo da buttare via. Tranquilli, gli dico: mi occuperò di voi prima che sia troppo tardi. Ma la seconda notte un molare trascurato, trascurato da un bel pezzo, si risvegliò. La mattina dopo trovai un dentista che accettò di estrarlo e dargli una degna sepoltura. Sulla poltrona, mentre mi faceva una puntura dopo l'altra giocando con i suoi marchingegni e tenendo sotto controllo la mia pressione, mi ritrovai a pensare: "Sbrigati, non ho tempo da perdere. Strappalo e lasciami andare". Ma venne fuori che aveva ragione. Dio mio, che radici aveva quel dente! A un certo punto mi sembrava molto più vicino alla colonna vertebrale che alla bocca.

Quando l'intervento fu finito, emerse un altro lato della mia personalità. Il dentista divenne un Poliziotto dei Denti, e io avevo davvero oltrepassato ogni limite. Mi sgridò, mi fece sentire piccolo piccolo, irresponsabile, immaturo. Dissi di sì e feci tutte le promesse del mondo, pensando: "La prego, agente, mi dia un'altra possibilità; mi lasci libero sulla parola". Alla fine lo fece, ma quando arrivai a casa mi tremavano le mani e la garza che mi uscì dalla bocca non era un bello spettacolo. Passai il resto della giornata a prendere analgesici e antibiotici, e a bere bourbon fino a stordirmi.

La mattina dopo tornai al lavoro, ma quel brivido di apprensione non mi lasciava.

"Ancora ventiquattr'ore" dissi a me stesso. "Entro stasera lo spedisco, e un giorno in più non cambierà niente."

Il giocatore che punta i suoi ultimi cento dollari sul dispari e vede la pallina fermarsi irrevocabilmente sul 18 vi dirà che lui *sapeva* che avrebbe perso nell'esatto momento in cui aveva posato la *fiche*. Lo sapeva, lo *sentiva*. Ma, ovviamente, se la pallina avesse fatto un saltino in più e si fosse fermata sul 19 avrebbe ammesso allegramente che spesso i presentimenti si rivelano sbagliati.

Il mio no.

Quando arrivai al corridoio vidi una grossa macchina per pulire i pavimenti ferma di fronte alla porta semiaperta di Ishmael. Prima che riuscissi a entrare, un uomo di mezz'età che indossava un'uniforme grigia uscì e girò la chiave nella toppa.

Io gli gridai di aspettare.

— Che cosa sta facendo? — gli chiesi senza troppa cortesia quando arrivai a portata.

La domanda non era degna di risposta, e infatti lui non rispose.

— Senta — insistei — lo so che non sono affari miei, ma non potrebbe dirmi che cos'è successo?

Mi guardò come uno scarafaggio che era sicuro di avere schiacciato una settimana prima. Comunque, alla fine schiuse la bocca e si lasciò sfuggire qualche parola. — Preparo l'appartamento per il nuovo inquilino.

— Ah — dissi. — Ma... ehm... che cos'è successo a quello vecchio?

Lui scrollò le spalle con indifferenza. — Sfrattata, credo. Non pagava l'affitto.

— Sfrattata? Era una donna? — Per un attimo avevo dimenticato che Ishmael non era il proprietario di se stesso.

Mi lanciò un'occhiata dubbiosa. — Credevo che lei conoscesse la signora.

— No, conoscevo il... conoscevo...

L'uomo rimase a fissarmi.

— Senta — ripetei, arrossendo. — Forse hanno lasciato un messaggio per me.

— Qua dentro non c'è rimasto niente, a parte la puzza.

— Le dispiace se do un'occhiata?

Lui si voltò verso la porta e girò la chiave. — È meglio che ne parli con la direzione, okay? Io ho da fare.

2

La "direzione", nella persona di una portinaia, non riusciva a immaginare una sola ragione al mondo per concedermi libero accesso a quell'ufficio o favori di altro genere, comprese informazioni di qualunque tipo, su qualunque argomento, a parte ciò che sapevo già: il vecchio inquilino aveva smesso di pagare l'affitto e di conseguenza era stato sfrattato. Tentai di fare breccia con una piccola verità, ma la donna negò sdegnata il mio suggerimento che quel locale fosse occupato da un gorilla.

— Nessun animale del genere è mai entrato, né entrerà mai, in una proprietà gestita da questa società.

Le chiesi almeno di dirmi se l'affittuario rispondeva al nome di Rachel Sokolow... che c'era di male?

Lei rispose: — Non è questo il punto. Se il suo interesse fosse legittimo, lei conoscerebbe già il nome dell'affittuario.

Non era certo una portinaia tipica... se mai un giorno servirà anche a me, spero di trovarne una identica a lei.

3

C'erano cinque o sei Sokolow nell'elenco telefonico, nessuno di nome Rachel; ma *Grace* Sokolow aveva un indirizzo adatto alla vedova di un ricco commerciante ebreo. La mattina dopo, sul presto, presi la macchina e commisi una piccola e discreta violazione di proprietà privata per scoprire se il parco ospitasse un gazebo. Sì.

Feci lavare la macchina, lucidai le mie scarpe più serie e spolverai il completo che tenevo in serbo per matrimoni o funerali. Quindi, per non correre il rischio di presentarmi durante il pranzo o all'ora del tè, aspettai fino alle due precise.

Lo stile Beaux Arts non incontra i gusti di nessuno, ma si dà il caso che io lo apprezzi quando non ricorda troppo una torta di nozze. La tenuta Sokolow appariva fredda e maestosa, con appena un tocco di eccentricità... un po' come la famiglia reale a un picnic. Dopo aver suonato il campanello ebbi tempo in abbondanza per esaminare il portale, un vero e proprio capolavoro: un bassorilievo in bronzo che rappresentava il Ratto di Europa o la Fondazione di Roma, o chissà quale accidenti di mito. Dopo parecchio tempo il cancello venne aperto da un uomo che avrei preso per il segretario di Stato, a giudicare dal vestito, dall'aspetto e dal contegno. Non dovette dire: «Sì?» o «Ebbene?» per chiedermi il motivo della visita: gli bastò inarcare un sopracciglio. Spiegai che volevo incontrare la signora Sokolow, e lui mi domandò se avevo un appuntamento, sapendo benissimo che non l'avevo. Mi resi conto che un tipo del genere non potevo liquidarlo dicendo che si trattava di "questioni personali"... ovvero, che non erano affari suoi. Decisi di scoprirmi un po'.

— A dire la verità, dovrei mettermi in contatto con la figlia della signora.

Mi squadrò senza fretta da capo a piedi. — Lei non è un suo amico — disse alla fine.

— No, per essere sincero, no.

— Se lo fosse, saprebbe che è morta tre mesi fa.

Quelle parole mi fecero l'effetto di un secchio di acqua gelata in faccia.

Lui inarcò un altro sopracciglio, come a dire: "Nient'altro?"

Decisi di scoprirmi un po' di più.

— Lei era al servizio del *signor* Sokolow?

Aggrottò la fronte, facendomi capire che dubitava della pertinenza di una domanda simile.

— La ragione per cui l'ho chiesto è... posso chiederle come si chiama?

Dubitava della pertinenza anche di quella domanda, ma decise di assecondarmi. — Mi chiamo Partridge.

— Dunque, signor Partridge, la ragione per cui l'ho chiesto è... lei ha conosciuto Ishmael?

Mi fissò stringendo gli occhi.

— Voglio essere del tutto sincero: non sto cercando Rachel, ma Ishmael. Da quel che ho capito, è stata Rachel a prendersi cura di lui dopo la morte del padre.

— Come fa a saperlo? — chiese lui, senza sbottonarsi.

— Se lei conosce la risposta a questa domanda, signor Partridge, probabilmente mi aiuterà — risposi. — Se non la conosce, probabilmente non mi aiuterà.

Era un'argomentazione elegante, e lui me lo concesse con un cenno del capo. Poi mi chiese perché cercavo Ishmael.

— Non si trova più... al solito posto. A quanto pare è stato sfrattato.

— Qualcuno deve averlo spostato. Deve averlo aiutato.

— Già — dissi. — Non credo che sia andato da Hertz e abbia noleggiato una macchina.

Partridge ignorò la mia battuta. — Temo davvero di non saperne niente.

— E la signora Sokolow?

— Se fosse al corrente di qualcosa, io lo saprei.

Gli credetti, ma dissi ugualmente: — Mi dia qualcosa da cui partire.

— Non saprei proprio da dove potrebbe partire, adesso. Adesso che la signorina Sokolow è morta.

Rimasi in silenzio per qualche secondo, rimuginando. — Com'è morta?

— Non la conosceva proprio?

— Per niente.

— Allora credo proprio che non siano affari suoi — mi disse senza risentimento, esponendo un puro dato di fatto.

175

4

Considerai l'idea di assumere un investigatore privato, poi mi figurai mentalmente il tipo di conversazione che ne sarebbe seguita e decisi di soprassedere. Ma, dato che non potevo lasciar perdere e basta, feci una telefonata allo zoo locale e chiesi se per caso avessero nel serraglio un gorilla delle pianure. Non ce l'avevano. Si dava il caso che io ne avessi uno, aggiunsi, e che dovessi liberarmene. Erano disposti a prenderlo? Risposero di no. Chiesi se non potevano suggerirmi qualcun altro disposto a prenderlo, e risposero di no, no davvero. Chiesi che cos'avrebbero fatto loro se avessero dovuto disfarsi a tutti i costi di un gorilla. Risposero che c'erano un paio di laboratori che l'avrebbero preso come cavia, ma era evidente che l'avevano buttata lì senza pensarci sul serio.

Una cosa era chiara: Ishmael aveva degli amici che non conoscevo... forse degli ex allievi. L'unica via che mi venne in mente per contattarli fu quella con cui lui stesso, probabilmente, li aveva contattati: mettere un annuncio.

AMICI DI ISHMAEL: un altro amico ha perso contatto. Per favore telefonatemi e ditemi dov'è.

Quell'annuncio fu un errore, perché mi fornì una scusa per spegnere il cervello. Aspettai che venisse pubblicato, poi aspettai che venisse ripetuto per una settimana, infine aspettai ancora qualche giorno nell'attesa di una chiamata che non venne, e in quel modo passarono due settimane senza che muovessi un dito.

Quando finalmente affrontai il fatto che non avrei ricevuto nessuna risposta, dovetti cercare un altro modo, e mi ci vollero almeno tre minuti per arrivarci. Chiamai il municipio e dopo un attimo mi passarono la persona che rilasciava i permessi agli spettacoli itineranti che arrivavano in loco e chiedevano di occupare temporaneamente un terreno libero.

Ce n'era qualcuno in città, in quel periodo?

No.

Se n'era fermato qualcuno nell'ultimo mese?

Sì, il Luna Park Darryl Hicks, con diciannove attrazioni, ventiquattro giochi e una mostra. Si era fermato per un paio di settimane, più o meno, e se n'era andato.

Aveva anche un serraglio di animali?

Non si ricordava che nell'elenco ci fosse niente del genere.

Magari un paio di animali nella mostra?

Chissà? Forse.

La prossima fermata del giro?

Non ne aveva idea.

Non importava. Con una decina di telefonate ne ritrovai le tracce sessanta chilometri più a nord, in una città dove si era fermato per una settimana prima di ripartire. Facendo l'ipotesi che continuasse a spostarsi verso nord, localizzai la tappa successiva, e la posizione attuale, con una sola chiamata. E, sì, adesso vantava il possesso di "Gargantua, il più famoso gorilla del mondo", una bestia morta almeno quarant'anni prima, come io sapevo benissimo.

Per voi, o per chiunque fosse modernamente attrezzato, ci sarebbe voluta un'ora e mezza di macchina per raggiungere il Luna Park Darryl Hicks; ma per me, con una Plymouth immatricolata lo stesso anno di *Dallas*, ci vollero due ore buone. Quando arrivai, trovai un luna park. I luna park, si sa, sono come le stazioni degli autobus: qualcuno più grande, qualcuno più piccolo, ma in fondo tutti uguali. Il Darryl Hicks consisteva in ottomila metri quadrati dello stesso vuoto di sempre mascherato da luogo di divertimento, pieno di brutta gente, fracasso e puzza di birra, zucchero filato e popcorn. Mi inoltrai tra la folla in cerca della mostra.

Avevo l'impressione che le mostre della mia infanzia (o forse quelle dei film visti da bambino) fossero ormai estinte nel mondo dei moderni luna park; se anche è vero, il Darryl Hicks aveva deciso di ignorare la tendenza. Quando arrivai, vidi un imbonitore che magnificava l'esibizione di un mangiatore di fuoco, ma non mi fermai ad assistere. Dentro c'erano parecchie attrazioni... la consueta sfilata di mostri, orrori e fenomeni da baraccone: un mangiatore di vetro, un fachiro, un'imponente donna tatuata e così via. Li ignorai tutti.

Ishmael si trovava in un angolo buio, il più lontano possibile dall'entrata, con due ragazzini di dieci anni a guardarlo.

— Ci scommetto che potrebbe strappare via le sbarre, se volesse — osservò il primo.

— Già — disse l'altro. — Ma non lo sa.

Lanciai a Ishmael uno sguardo ansioso e impaziente, ma lui restò seduto senza prestare attenzione a niente finché i due bambini non se ne andarono.

Per un paio di minuti continuai a fissarlo e lui continuò a fingere che non ci fossi. Poi mi arresi e dissi: — Spiegami solo questo: perché non hai chiesto aiuto? Avresti potuto, lo so. La gente non viene sfrattata da un giorno all'altro.

Non diede alcun segno di avermi udito.

— Come diavolo faccio ad arrivare al dunque, cioè tirarti fuori di qui?

Continuò ad attraversarmi con lo sguardo come se al mio posto ci fosse solo aria.

Insistei. — Senti, Ishmael, ce l'hai con me o qualcosa del genere?

Finalmente mi diede un'occhiata, ma non certo amichevole. — Non ti ho chiesto di diventare il mio protettore — disse. — Quindi, per cortesia, astieniti dal proteggermi.

— Vuoi che mi faccia gli affari miei.

— In sintesi, sì.

Mi guardai attorno impotente. — Vuoi dire che davvero *desideri* restare qui?

Ancora una volta l'occhio di Ishmael divenne di ghiaccio.

— Va bene, va bene — dissi. — E per quanto riguarda me?

— Per quanto riguarda *te*?

— Be', non avevamo ancora finito, no?

— No, non avevamo finito.

— Allora cos'hai intenzione di fare? Vuoi che diventi il fallimento numero cinque?

Rimase a fissarmi trucemente per un paio di minuti, battendo le palpebre, e infine sbottò: — Non è necessario che tu diventi il fallimento numero cinque. Possiamo continuare come prima.

A quel punto una famiglia di cinque persone si avvicinò alla spicciolata per vedere il più famoso gorilla del mondo: mamma, papà, due bambine e un piccolino d'un paio d'anni semiaddormentato tra le braccia della madre.

— Possiamo continuare come prima, eh? — esclamai, e non certo sottovoce. — Secondo te non ci sono problemi, eh?

A quel punto la famiglia di visitatori cominciò a trovarmi molto più interessante di Gargantua, che dopo tutto si limitava a starsene seduto con aria imbronciata.

Dissi: — Allora, da dove cominciamo? Ti ricordi dov'eravamo rimasti?

Affascinati, i visitatori si voltarono per vedere quale risposta sarebbe scaturita da Ishmael. Ma quando arrivò, ovviamente, la udii soltanto io.

— Smettila.

— Smetterla? Pensavo che avremmo continuato proprio come prima.

Con un brontolio, Ishmael caracollò verso il fondo della gabbia e lasciò a tutti noi solo la vista della sua schiena. Dopo un paio di minuti i visitatori decisero che mi meritavo un'occhiata di sdegno; me la diedero, e procedettero in direzione del corpo mummificato di un uomo ucciso nel Mojave da una fucilata, verso la fine della Guerra Civile.

— Lascia che ti porti via — dissi.

— No, grazie — replicò lui, girandosi ma senza tornare vicino alle sbarre. — Anche se ti potrà sembrare incredibile, io preferisco campare così piuttosto che vivere grazie alla generosità degli altri, fosse anche la tua.

— Sarebbe un regalo soltanto finché non riusciremo a escogitare qualcos'altro.

— Qualcos'altro di che tipo? Esibirci agli show del sabato sera? Scenette da night club?

— Senti, se riesco a mettermi in contatto con gli altri forse potremmo metterci insieme.

— Di che diavolo parli?

— Delle persone che ti hanno aiutato ad arrivare fin qui. Non hai certo fatto tutto da solo, no?

Mi fissò biecamente dall'ombra. — Vattene — ringhiò. — Vattene e lasciami in pace.

5

Quello non l'avevo previsto - anzi, in realtà non avevo previsto niente - e non sapevo che cosa fare. Presi alloggio nell'albergo più economico che riuscii a trovare e uscii in cerca di un posto dove mangiare una bistecca e bere un paio di bicchierini per raccogliere le idee. Alle nove non avevo fatto alcun progresso, così tornai al luna park per vedere che cosa succedeva da quelle parti. Fui fortunato, per così dire... era in arrivo una bassa pressione e una maligna pioggerella rispediva a casa i giostrai, con tutto il loro brio inzuppato.

Secondo voi li chiamano ancora uomini di fatica? Io non pensai di chiederglielo, a quello che stava chiudendo la tenda della mostra. Doveva essere sugli ottanta, e gli offrii un deca per il privilegio di comunicare un po' con la natura, nella persona del gorilla che non si chiamava Gargantua più di me. L'uomo non sembrò prendere in considerazione l'aspetto etico dell'affare, ma fece un sogghigno evidente di fronte all'entità della somma. Aggiunsi un altro deca, e lui lasciò una luce accesa vicino alla gabbia quando se ne andò zoppicando. C'erano parecchie sedie pieghevoli sui palchi delle attrazioni, così ne presi una e mi accomodai.

Ishmael mi scrutò per alcuni minuti e alla fine mi chiese dov'eravamo rimasti.

— Avevi appena finito di dimostrarmi che la storia che nella Genesi inizia con la Caduta di Adamo e finisce con l'assassinio di Abele non ha niente a che fare con ciò che viene convenzionalmente accettato nella mia cultura. È la storia della nostra rivoluzione agricola narrata dalle prime vittime di quella stessa rivoluzione.

— E che cosa rimane da dire, secondo te?

— Non lo so. Forse si devono mettere insieme i pezzi. Non ho ancora chiaro quale sia il quadro definitivo.

— Sì, lo penso anch'io. Lasciami riflettere.

6

— Che cosa significa esattamente "cultura"? — chiese infine Ishmael. — Nel senso che viene dato comunemente a questa parola, non in quello che le abbiamo assegnato per i fini di questa conversazione.

Era pazzesco fare una domanda come quella a una persona seduta sotto il tendone di un luna park, ma feci del mio meglio per rifletterci. — Direi che è il complesso di tutto ciò che rende un insieme di persone un popolo.

Lui annuì. — E come si crea questo "complesso"?

181

— Non sono sicuro di capire la domanda. Comunque, si crea dal fatto che la gente vive.

— Certo, ma anche i passeri vivono, eppure non hanno una cultura.

— D'accordo, ho capito dove vuoi arrivare. Si tratta di un accumulo.

— Quello che continui a *non* dire è come si crea questo accumulo.

— Ah, sì. Va bene. L'accumulo è il complesso di conoscenze che passa da una generazione alla successiva. Si crea... Be', quando una specie arriva a un certo grado di intelligenza, i membri di una generazione cominciano a trasferire informazioni e tecniche alla generazione successiva, la quale prende questo complesso di conoscenze, vi aggiunge i propri aggiornamenti e correzioni, e lo passa alla generazione seguente.

— E questo complesso di conoscenze viene chiamato "cultura".

— Sì, direi di sì.

— È il complesso di tutto ciò che viene trasferito, naturalmente, non soltanto le informazioni e le tecniche. Comprende le credenze, le ipotesi, le teorie, i costumi, le leggende, le canzoni, le storie, le danze, le facezie, le superstizioni, i pregiudizi, i gusti, gli atteggiamenti. Tutto.

— Certo.

— Per quanto possa apparire strano, il grado di intelligenza necessario per dare inizio a questo accumulo non è particolarmente alto. Anche gli scimpanzé, quelli liberi, passano ai loro piccoli la capacità di costruire e impiegare attrezzi. Vedo che questo ti stupisce.

— No. Be'... Credo che mi stupisca il fatto che nomini gli scimpanzé.

— E non i gorilla?

— Appunto.

Ishmael aggrottò le sopracciglia. — A dire il vero, ho evitato di proposito ogni studio sulla vita dei gorilla. È un argomento che dal mio punto di vista trovo poco interessante da esplorare.

Annuii, sentendomi sciocco.

— Comunque, se gli scimpanzé hanno già iniziato ad accumulare informazioni su ciò che funziona meglio per loro, quando credi che gli uomini abbiano incominciato?

— Devo pensare che il processo sia iniziato con la comparsa dell'umanità.

— I vostri paleontologi sarebbero d'accordo. La cultura umana ebbe inizio con la vita umana, il che significa con l'*homo habilis*. Coloro che appartenevano alla specie *homo habilis* trasmisero ai propri figli tutto ciò che avevano imparato, e poiché ogni generazione contribuiva con il proprio obolo, le conoscenze si accumularono. E a chi andò questa eredità?

— All'*homo erectus*?

— Esatto. E coloro che appartenevano alla specie *homo erectus* trasmisero questa eredità generazione dopo generazione, aggiungendo ogni volta il proprio obolo. E a chi andò la loro eredità?

— All'*homo sapiens*.

— Certamente. E l'erede dell'*homo sapiens* fu la razza dell'*homo sapiens sapiens*, che trasmise la sua eredità culturale generazione dopo generazione, aggiungendo ogni volta il proprio obolo. E *questa* eredità a chi andò?

— Direi che gli eredi furono i popoli dei Lascia.

— Non i Prendi? E perché?

— Perché? Non lo so. Forse per... Ovviamente ci fu una netta frattura col passato, al tempo della rivoluzione agricola, mentre non ci fu nessuna frattura per i popoli che in quel periodo migravano verso le Americhe. Non ci fu nessuna frattura per i popoli che vivevano in Nuova Zelanda, in Australia o in Polinesia.

— Come lo sai?

— Non lo so. È solo un'impressione.

— D'accordo, ma su quali basi?

— Penso che si tratti di questo: io non so quale storia stiano recitando questi popoli, ma è evidente che è la stessa per tutti. Per adesso non riesco a capire con chiarezza quale sia, ma è evidentemente in contrasto con la storia recitata dalla mia cultura. Dovunque si incontra un popolo Lascia, si comporta sempre nello stesso modo e conduce sempre la stessa vita... e, d'altronde, dovunque s'incontra un nostro popolo, si comporta sempre nello stesso modo e conduce sempre la stessa vita.

— Ma che cosa c'entra questo con la trasmissione della cultura accumulata dall'umanità nei primi tre milioni di anni d'esistenza?

Ci riflettei per due o tre minuti, e alla fine risposi: — C'entra perché i Lascia continuano a trasmettere la loro cultura nella forma in cui l'hanno ricevuta; noi invece no, perché diecimila anni fa i fondatori della nostra cultura hanno detto: «Stronzate. Non è così che devono vivere gli esseri umani» e hanno buttato tutto alle ortiche. Il fatto che avessero buttato via tutto è ovvio, perché nel momento in cui i loro discendenti entrarono nella storia non era rimasta traccia degli atteggiamenti e delle idee che si incontrano ovunque tra i popoli Lascia. E inoltre...

— Sì?

— È una cosa molto interessante, non me n'ero mai accorto... I popoli Lascia sono consapevoli di possedere una tradizione che risale a tempi antichissimi. Noi no. Per lo più, siamo un popolo "nuovo". Ogni generazione è sempre più nuova, tagliata fuori dal passato più profondamente di quella che la precede.

— Che cosa dice Madre Cultura a questo riguardo?

— Ah — dissi, e chiusi gli occhi. — Madre Cultura dice che è così che dev'essere. Non c'è niente per noi nel passato. Il passato è pattume. È qualcosa da lasciarsi alle spalle, da cui fuggire.

Ishmael annuì. — Adesso lo capisci: in questo modo siete stati colpiti da un'amnesia culturale.

— Che vuoi dire?

— Finché non sono arrivati Darwin e i paleontologi ad appiccicare alla storia tre milioni di anni di vita umana, nella vostra cultura si riteneva che la nascita dell'uomo e quella della sua cultura fossero eventi simultanei... anzi, che fossero *lo stesso* evento. In altre parole, la vostra cultura riteneva che l'uomo fosse nato essendo già *dei vostri*. Era scontato che coltivare la terra fosse un atto istintivo per gli uomini, come lo è per le api produrre il miele.

— Sì, sembra proprio così.

— Quando i popoli della vostra cultura incontrarono i cacciatori-raccoglitori in Africa e in America, li ritennero popoli *degenerati* dalla normale condizione di agricoltori, popoli che avevano *perduto* le capacità con le quali erano nati. I Prendi non sospettavano affatto di trovarsi al cospetto di ciò che erano loro stessi prima di diventare agricoltori. Per quel che ne sapevano, non esisteva nessun "prima". Non erano passate che poche migliaia di anni dalla Creazione, e l'Uomo Agricoltore si era immediatamente votato al compito di costruire una civiltà.

— Proprio così.

— Sai come è successo?

— Come è successo cosa?

— Che la perdita di memoria relativa al vostro periodo preagricolo sia stata assoluta... così assoluta che non ricordavate nemmeno la sua esistenza.

— No. Ho la sensazione che dovrei saperlo, ma non ci arrivo.

185

— Ciò che insegna Madre Cultura, come hai osservato tu stesso, è che il passato è pattume, qualcosa da cui fuggire.

— Sì.

— E quello a cui vorrei arrivare è che, evidentemente, ve lo sta insegnando fin dall'inizio.

— Sì, capisco. Adesso i pezzi cominciano a incastrarsi. Come ho detto, tra i Lascia c'è sempre stata la sensazione che il passato si estenda fino all'alba dei tempi. Invece tra i Prendi c'è la sensazione che il passato si estenda fino al 1963.

Ishmael annuì, ma dopo un attimo precisò: — Allo stesso tempo, però, si dovrebbe notare che nella vostra cultura l'antichità è un grande legittimatore... purché si limiti a questa funzione. Per esempio, gli inglesi esigono che le loro istituzioni e tutto il fasto che le circonda siano quanto più possibile antiche (anche se non lo sono). E, ciò nonostante, non vivono affatto come gli antichi britanni e si guardano bene dal farlo. Lo stesso vale per i giapponesi, che esaltano i valori e le tradizioni dei loro nobili e saggi antenati e ne deplorano la scomparsa... pur non avendo alcuna intenzione di vivere come loro. In sintesi, gli antichi costumi sono perfetti per le istituzioni, i cerimoniali e le festività, ma nessun Prendi li adotterebbe mai per la sua vita quotidiana.

— Senza dubbio.

7

— Ma, naturalmente, Madre Cultura non insegna che *tutto* il passato debba essere scartato. Cosa doveva essere risparmiato? Che cosa fu effettivamente risparmiato?

— Direi le informazioni su come costruire le cose, su come fabbricarle.

— Tutto ciò che riguarda la produzione fu salvato. Ed ecco *perché le cose sono andate così.*

— Sì.

— Naturalmente anche i Lascia conservano informazioni analoghe, anche se la produzione in sé e per sé non è una caratteristica della loro vita. Tra i Lascia, la gente non ha una quota settimanale di punte di freccia o di vasi da fabbricare. Non gliene importa niente di incrementare la produzione di asce.

— Giusto.

— Quindi, benché abbiano salvato informazioni sulla produzione, queste informazioni riguardano per lo più qualcos'altro. Come la definiresti, una conoscenza di questo tipo?

— Lo hai detto tu stesso poco fa, mi sembra. Si tratta di ciò che funziona meglio per loro.

— Per loro? Non per tutti?

— No. Non sono un appassionato di antropologia, ma ne ho letto abbastanza da sapere che gli Zuni non credono che le loro scelte debbano essere universali, e neanche i Navajo. Ogni popolo segue una strada che funziona bene *per lui solo.*

— E questa strada che funziona la insegnano ai loro figli.

— Sì. E ciò che noi insegniamo ai nostri figli è come costruire le cose. Come costruirne di più e di migliori.

— Perché non insegnate loro che cosa funziona meglio per gli esseri umani?

— Forse perché non lo sappiamo. Ogni generazione deve individuare una propria versione di ciò che funziona meglio per gli esseri umani. I miei genitori ne avevano una che era senz'altro scadente, e i *loro* genitori ne avevano un'altra che era altrettanto scadente. Adesso noi stiamo perfezionando la nostra, che probabilmente ai nostri figli sembrerà altrettanto scadente.

— Ho permesso che la conversazione deviasse dal suo corso — disse Ishmael di malumore, e si spostò in una nuova posizione facendo ondeggiare il vagone. — Quello che volevo farti capire è che tutte le culture dei Lascia sono un accumulo di conoscenze che si snoda lungo il passato in una catena ininterrotta fino agli inizi dell'umanità. Ecco perché non c'è da stupirsi che ciascuna di esse sia una strada che funziona. Sono state tutte messe alla prova e affinate per migliaia di generazioni.

— Già... Mi è venuta in mente una cosa.

— Di' pure.

— Aspetta un momento. È qualcosa che ha a che fare con... la non disponibilità delle conoscenze su come la gente deve vivere.

— Pensaci pure, se ti serve.

— Ecco — dissi, qualche minuto più tardi. — Dapprincipio, quando ho detto che non esisteva niente di simile alla nozione di come deve vivere la gente, intendevo dire che una *nozione* riguarda l'*unico modo giusto*. Ovvero ciò che cerchiamo noi, ciò che cercano i Prendi. A noi non interessa un modo di vivere che funzioni, ma l'*unico modo giusto*. Ed è questo che ci danno i profeti, o i legislatori. Lasciami pensare... Dopo cinque o seimila anni di amnesia, i Prendi non sanno davvero più come vivere. Non c'è dubbio che abbiano girato la schiena al passato, perché d'un tratto arriva Hammurabi e tutti chiedono: «Che cosa sono queste?» e Hammurabi risponde: «Queste, figli miei, sono le *leggi*!» «Leggi? Che cosa sono le leggi?» E Hammurabi risponde: «Le leggi sono ciò che v'insegna l'*unico modo giusto* di vivere»... Mi chiedo dove voglio arrivare.

— Non ne sono sicuro.

— Forse a questo: quando hai cominciato a parlare della

nostra amnesia culturale, ho pensato che si trattasse di una metafora. O magari di una piccola esagerazione per dimostrare qualcosa. Perché, ovviamente, non possiamo sapere che cosa passasse per la mente a quegli antichi contadini del Neolitico. Comunque un fatto è certo: dopo qualche migliaio d'anni, i discendenti di quei contadini si chiedevano, grattandosi la testa: «Ehi, com'è che deve vivere la gente?»; invece, in quello stesso periodo, i Lascia sparsi per il mondo *non avevano dimenticato* come si deve vivere. Loro lo sapevano ancora, mentre i popoli della mia cultura l'avevano dimenticato: si erano autoesclusi dalla tradizione che forniva quell'insegnamento. Dunque *avevano bisogno* di un Hammurabi che dicesse loro come vivere. *Avevano bisogno* di un Dracone e di un Solone e di un Mosè e di un Gesù e di un Maometto. Invece i Lascia potevano farne a meno, perché avevano una via... un insieme di vie... aspetta, credo di esserci.

— Pensaci con comodo.

— Ciascuna delle vie dei Lascia si è sviluppata con l'evoluzione, per mezzo di un processo di prova ed errore iniziato prima che l'umanità possedesse una parola per definirlo. Nessuno diceva: «Va bene, formiamo una commissione per scrivere il codice di leggi che dovremo seguire». Nessuna di queste culture è stata una *invenzione*, mentre i nostri legislatori non hanno saputo darci altro che invenzioni. Artifici. Non tecniche sperimentate nel corso di migliaia di generazioni, ma regole arbitrarie sull'*unico modo giusto di vivere*. E questo stesso sistema è ancora in uso. Le leggi sancite a Washington non vengono scritte nei libri perché funzionano, ma perché rappresentano l'*unico modo giusto di vivere*. Non si può abortire a meno che il feto non minacci la vita della donna oppure sia frutto di uno stupro. Un sacco di gente vorrebbe una legge del genere, e sai perché? Perché è l'*unico modo giusto di vivere*. Bevi pure alcolici fino a morire, ma se ti becchiamo a fumare una sola sigaretta di marijuana è la galera, amico, perché è questo l'*unico modo giusto di vivere*. A nessuno gliene frega niente se le leggi funzionano o no, quella è un'altra faccenda... E ancora non sono sicuro dove voglio arrivare.

Ishmael sbuffò. — Non è necessario che arrivi a una conclusione precisa. Stai esplorando un profondo complesso di idee, e non puoi aspettarti di sviscerarlo in venti minuti.

— Già.

— D'altra parte, c'è un punto che mi sono proposto di chiarire prima di passare ad altro, e vorrei arrivarci.

— Parla.

— Adesso ti è chiaro che i Prendi e i Lascia accumulano due tipi di conoscenza completamente diversi.

— Sì. I Prendi accumulano conoscenze su ciò che funziona per le *cose*. I Lascia accumulano conoscenze su ciò che funziona per la *gente*.

— Ma non per *tutta* la gente. Ogni popolo Lascia ha un sistema che funziona per sé e soltanto per sé, perché si è evoluto con lui; è adatto al territorio in cui vive, al clima, alla comunità biologica che lo circonda, ai suoi gusti, alle sue preferenze e alla sua visione del mondo.

— Sì.

— E come viene chiamato questo tipo di conoscenza?

— In che senso?

— Che cosa possiede, chi conosce ciò che funziona per la gente?

— Be'... la saggezza?

— Certamente. Adesso sai che ciò che ha valore nella tua cultura è la conoscenza di quello che funziona per la produzione. Invece, ciò che ha valore nelle culture Lascia è la conoscenza di quello che funziona per la gente. E ogni volta che i Prendi annientano una cultura Lascia, dal mondo scompare una saggezza messa alla prova fin dalla nascita dell'umanità, e scompare oltre ogni possibilità di recupero... allo stesso modo, ogni volta che i Prendi annientano una specie vivente, dal mondo scompare una forma di vita messa alla prova fin dalla nascita della vita stessa, e scompare oltre ogni possibilità di recupero.

— Terribile — dissi.

— Già — confermò Ishmael. — È terribile.

9

Dopo aver passato qualche minuto a grattarsi la testa e a tormentarsi il lobo dell'orecchio, Ishmael mi congedò.

— Sono stanco — spiegò. — E ho troppo freddo per pensare.

PARTE UNDICESIMA

1

La pioggerella insisteva, e a mezzogiorno del giorno dopo, quando arrivai, non trovai nessuno da corrompere. Mi ero procurato due coperte per Ishmael al magazzino Esercito-Marina... e una per me, per non farlo arrabbiare. Le accettò con un burbero "grazie" ma sembrò piuttosto contento. Per un po' restammo seduti in silenzio a guazzare nelle nostre miserie, dopo di che Ishmael, con riluttanza, iniziò.

— Poco prima della mia partenza... non ricordo cosa fu a fornire lo spunto... mi chiedesti quando saremmo arrivati alla storia recitata dai Lascia.

— Sì, è vero.

— Perché quella storia ti interessa?

La domanda mi stupì. — Perché non dovrebbe interessarmi?

— Mi chiedo che utilità potrebbe avere per te, dato che Abele è morto, come ben sai.

— Be'... sì.

— Allora perché interessarsi alla storia che recitava?

— Lo ripeto: perché no?

Ishmael scosse la testa. — Non mi piace continuare così. Il fatto che io non possa fornirti una ragione per *non* apprendere qualcosa, a me non offre motivi sufficienti per insegnartela.

Era di cattivo umore, evidentemente. Non lo biasimavo, ma nemmeno lo approvavo, visto che era stato lui a insistere per procedere in quel modo.

Disse: — È soltanto una questione di curiosità, per te?

— No, non direi. All'inizio hai affermato che su questo pianeta venivano messe in scena due storie. Adesso ne conosco una. È naturale che voglia conoscere l'altra.

— Naturale... — ripeté Ishmael, come se quella parola non gli piacesse. — Apprezzerei che tu arrivassi a una motivazione di maggior peso. Qualcosa che mi desse la sensazione di non essere l'unico, qui, a usare il cervello.

— Temo di non capire.

— Lo so, ed è questo che mi irrita. Sei diventato un ascoltatore passivo, che spegne il cervello appena si siede davanti a me e lo riaccende quando si alza per andarsene.

— Non mi sembra.

— Allora dimmi perché non sarebbe uno spreco di tempo apprendere una storia praticamente estinta.

— Be', io non lo considero affatto uno spreco di tempo.

— Non basta. Personalmente, il fatto che qualcosa non sia uno spreco di tempo non mi stimola a dedicarmici.

Non sapendo cosa dire mi strinsi nelle spalle.

Ishmael scosse la testa, disgustato. — In realtà sei convinto che apprendere questa storia sia inutile. È evidente.

— Per me no.

— Allora credi che abbia un senso?

— Be'... sì.

— E quale?

— Mio Dio... che la *voglio* conoscere, ecco qual è il senso.

— No. Su queste basi non intendo proseguire. *Vorrei*, ma non soltanto per soddisfare la tua curiosità. Vattene, e torna quando potrai darmi una buona ragione per continuare.

— E quale sarebbe, una buona ragione? Fammi un esempio.

— Va bene. Che senso ha preoccuparsi di scoprire qual è la storia recitata dai popoli della vostra cultura?

— Perché è una storia che sta distruggendo il mondo.

— È vero. Ma perché scoprirla?

— Perché è qualcosa che si dovrebbe sapere, è ovvio.

— *Chi* lo dovrebbe sapere?

— Tutti quanti.

— Perché? È la parola a cui si torna sempre. Perché, perché, perché? Perché il tuo popolo dovrebbe sapere quale storia sta recitando mentre distrugge il mondo?

— Perché potrebbero *smettere* di recitarla. Perché potrebbero capire che non stanno semplicemente commettendo qualche errore di tanto in tanto nel fare ciò che fanno. Perché potrebbero capire di essere coinvolti in un sogno megalomane... un sogno folle quanto il Reich dei mille anni.

— È questo che rende la vostra storia degna di essere conosciuta?

— Sì.

— Sono felice di sentirtelo dire. Adesso vattene e torna quando sarai in grado di spiegarmi che cosa rende l'altra storia degna di essere conosciuta.

— Non c'è bisogno che me ne vada. Posso dirtelo subito.

— Allora dimmelo.

— Un popolo non può semplicemente *gettare via* una storia. È quello che tentarono di fare i ragazzi negli anni Sessanta e Settanta. Tentarono di farla finita con la vita dei Prendi, ma scoprirono che non esisteva nessun altro modo di vivere. Fallirono perché non si può smettere di recitare una storia e basta, ce ne dev'essere un'altra da mettere al suo posto.

Ishmael annuì. — E se una simile storia esistesse, la gente sarebbe disposta ad ascoltarla?

— Lo dovrebbero fare per forza.

— Ma credi che lo *vorrebbero* fare?

194

— Non so. Però non credo che qualcuno possa cominciare a volere qualcosa, se non sa che esiste.

— Giustissimo.

2

— E quale pensi che sia l'essenza di questa storia?

— Non ne ho idea.

— Pensi che riguardi la caccia e la raccolta?

— Non saprei.

— Sii sincero. Non ti aspetti qualche nobile peana sulla Grande Caccia?

— A livello conscio non mi aspetto niente del genere.

— Be', almeno dovresti sapere che riguarda il significato del mondo, le intenzioni degli dèi sul mondo, e il destino dell'uomo.

— Sì.

— Come ho già detto cinque o sei volte, l'uomo è *diventato* l'Uomo recitando questa storia. Dovresti ricordartene.

— Certo.

— E come ha fatto, l'uomo, a diventare l'Uomo?

Esaminai la domanda in cerca di tranelli, e la restituii al mittente. — Non mi è chiaro che cosa vuoi dire — risposi.

— O, meglio, non mi è chiaro che tipo di risposta ti aspetti. È ovvio che non vuoi sentirti dire che l'uomo è diventato l'Uomo evolvendosi.

— Questo significherebbe solo che è diventato l'Uomo diventando l'Uomo.

— Appunto.

— Dunque la domanda è ancora in attesa di una risposta: come l'uomo è diventato l'Uomo?

— Immagino che sia una di quelle cose che risultano ovvie, quando si capiscono.

195

— Sì, se ti dessi io la risposta, diresti: «Sì, certo. E con questo?».

Mi strinsi nelle spalle, sconfitto.

— Allora dobbiamo arrivarci tangenzialmente... ma non scordarti che c'è una domanda che esige risposta.

— D'accordo.

3

— Secondo Madre Cultura, che tipo di evento è stato la vostra rivoluzione agricola?

— Che *tipo* di evento? Be', dovrebbe essere stato un evento tecnologico.

— Senza implicazioni che contengano risonanze umane più profonde... per esempio culturali o religiose?

— No. I primi contadini erano semplicemente dei tecnocrati neolitici. L'impressione generale è sempre stata questa.

— Ma, dopo il nostro esame del terzo e del quarto capitolo della Genesi, avrai capito che c'era ben di più di quanto afferma Madre Cultura.

— Sì.

— C'era ben di più, e c'è tuttora, dal momento che quella rivoluzione è ancora in atto. Adamo sta ancora addentando il frutto dell'albero proibito, e dovunque si trovi Abele c'è anche Caino, pronto a dargli la caccia armato di coltello.

— Giusto.

— C'è anche un altro suggerimento sul fatto che quella rivoluzione trascende la pura tecnologia. Madre Cultura insegna che, prima del suo avvento, la vita umana era priva di significato, stupida, vuota e senza scopo. La vita prerivoluzionaria era sgradevole, orrenda.

— Sì.

— Ne sei convinto anche tu, non è vero?

— Credo di sì.

— La maggior parte di voi sarebbe d'accordo, non credi?

— Sì.

— Chi farebbe eccezione?

— Non so. Forse... gli antropologi.

— Ovvero le persone che hanno realmente qualche conoscenza di quella vita.

— Sì.

— Invece Madre Cultura insegna che si trattava di una vita miserabile oltre ogni dire.

— Esatto.

— Riesci a immaginare qualche circostanza in cui tu stesso scambieresti la tua vita attuale per quella?

— No. Francamente, non vedo perché si dovrebbe farlo, potendo scegliere.

— I Lascia lo farebbero. Nel corso della storia, l'unico modo che i Prendi hanno trovato per strapparli dalle loro abitudini di vita è stato con la forza, con lo sterminio. Nella maggior parte dei casi hanno giudicato più semplice eliminarli tutti.

— È vero, ma Madre Cultura ha qualcosa da dire in proposito. Dice che i Lascia non sanno quello che perdono, non si rendono conto dei vantaggi dell'agricoltura, e solo per questo si aggrappano con tanta tenacia alla loro vita di cacciatori-raccoglitori.

Ishmael si produsse nel suo sorriso più falso. — Tra gli indiani d'America, secondo te, chi sono stati i più fieri e risoluti nell'opporsi ai Prendi?

— Be'... forse gli indiani delle pianure.

— Credo che la maggior parte di voi sarebbe d'accordo. Ma prima dell'introduzione dei cavalli da parte degli spagnoli, gli indiani delle pianure erano stati agricoltori *per secoli*. Non appena i cavalli sono stati disponibili in abbondanza, hanno smesso di praticare l'agricoltura e ripreso la vita dei cacciatori-raccoglitori.

— Questo non lo sapevo.

— Adesso lo sai. Gli indiani delle pianure comprendevano i vantaggi dati dall'agricoltura?

— Immagino di sì.

— Che cosa dice Madre Cultura?

Ci riflettei per qualche secondo, poi scoppiai a ridere. — Dice che non li comprendevano *fino in fondo*. Altrimenti non sarebbero tornati a essere cacciatori-raccoglitori.

— Perché è una vita sgradevole.

— Appunto.

— Adesso cominci a capire quanto siano efficaci gli insegnamenti di Madre Cultura su questo argomento.

— D'accordo, ma ancora non capisco dove questo ci porterà.

— Siamo sul punto di scoprire che cosa c'è alla base del vostro timore e della vostra ripugnanza per la vita dei Lascia. Siamo sul punto di scoprire perché voi sentiate di dover portare avanti la rivoluzione anche se distruggerà voi stessi e il mondo. Siamo sul punto di scoprire *contro* cos'era diretta la vostra rivoluzione.

— Ah — dissi io.

— E quando ci saremo arrivati, sono sicuro che sarai in grado di dirmi quale storia è stata recitata dai Lascia negli ultimi tre milioni di anni di vita umana, e viene tuttora recitata dovunque essi sopravvivano.

4

Dopo aver parlato di sopravvivenza, Ishmael rabbrividì e sprofondò nelle coperte emettendo una sorta di sospiro lamentoso. Per un po' sembrò perdersi nell'instancabile ticchettio della pioggia sul tendone sovrastante, poi si schiarì la voce e continuò.

— Proviamo così — disse. — Perché la rivoluzione era *necessaria*?

— Perché l'umanità andasse avanti.

— In altre parole, perché l'umanità avesse il riscaldamento centrale, le università, i teatri e le astronavi.

— Appunto.

Ishmael annuì. — Questo tipo di risposta sarebbe stato accettabile quando abbiamo cominciato il lavoro, ma adesso vorrei che andassi più in profondità.

— D'accordo, ma che cosa intendi con "più in profondità"?

— Come ben sai, per centinaia di milioni di voi il riscaldamento centrale, le università, i teatri e le astronavi appartengono a un mondo lontano e irraggiungibile. Centinaia di milioni di voi riescono appena a immaginare cose simili. Anche in questo paese, ci sono milioni di senzatetto o di persone che conducono vite squallide e disperate nei bassifondi o in prigione, oppure presso istituzioni pubbliche che sono poco migliori delle prigioni. Per loro, la tua facile giustificazione della rivoluzione agricola sarebbe completamente priva di senso.

— È vero.

— Ma anche se non godono dei suoi frutti, le volterebbero le spalle? Scambierebbero la loro miseria e la loro disperazione con una vita analoga a quella che si viveva nei tempi prerivoluzionari?

— Ancora una volta, devo rispondere di no.

— Lo penso anch'io. I Prendi *credono* nella loro rivoluzione, anche quando non ne godono i vantaggi. Non esistono scontenti, dissidenti, controrivoluzionari. Sotto sotto, tutti credono che, per quanto male gli vada, la situazione è infinitamente preferibile a quella che c'era prima.

— Sì, credo di sì.

— Oggi vorrei che tu arrivassi alle radici di questa incredibile convinzione. Quando ci sarai riuscito, avrai una visione completamente diversa della vostra rivoluzione, e anche della vita dei Lascia.

— D'accordo, ma come faccio?

— Basta ascoltare Madre Cultura. Ti sussurra nell'orecchio da una vita, e ciò che hai sentito tu non è diverso da quello che hanno sentito i tuoi genitori o i tuoi nonni, né da quello che sentono ogni giorno i popoli di tutto il mondo. In altre parole, quello a cui voglio arrivare è sepolto nella tua mente come in quella di tutti gli altri. Oggi ti chiedo di disseppellirlo. Madre Cultura vi ha insegnato a coltivare un senso di orrore per la vita che vi siete lasciati alle spalle, dopo la rivoluzione, e voglio che tu segua questo senso di orrore fino alle sue radici.

— D'accordo — dissi. — È vero che proviamo una specie di orrore per quella vita, ma il guaio è che a me non sembra che ci sia niente di strano.

— No? E perché?

— Non so. Mi sembra una vita che non porta da nessuna parte.

— Basta con queste risposte superficiali. Scava.

Con un sospiro, mi raggomitolai nella coperta e cominciai a scavare. — Interessante — dissi qualche minuto dopo. — Mentre riflettevo su come vivevano i nostri antenati mi si è affacciata alla mente un'immagine molto precisa.

Ishmael attese che continuassi.

— Sembra quasi un sogno... o un incubo. C'è un uomo che vaga su un crinale, al crepuscolo. Nel suo mondo impera un eterno crepuscolo. L'uomo è basso, magro, scuro e nudo. Si muove a quattro zampe e cerca una pista. È in caccia, ed è disperato. Sta per cadere la notte e non ha trovato niente da mangiare.

"Corre e corre come sull'ingranaggio di un mulino. È proprio come azionare un mulino, la sua fatica, perché il giorno dopo al crepuscolo starà ancora correndo... o avrà ricominciato a correre. Ma lo guida qualcosa di più della fame e della disperazione. Lo guida la paura. Dietro di lui, sul crinale, appena fuori di vista, i suoi nemici sono in caccia per farlo a pezzi... i leoni, i lupi, le tigri. E quindi lui deve restare per sempre su quell'ingranaggio: un passo avanti per inseguire la sua preda e un passo indietro per sfuggire ai suoi nemici, e così per sempre.

"Il crinale, ovviamente, rappresenta il filo di rasoio della sopravvivenza. Quell'uomo vive sul filo della sopravvivenza e deve lottare senza fine per non cadere dalla parte sbagliata. In realtà è come se fossero il crinale e il cielo a muoversi al suo posto: lui corre da fermo, intrappolato, senza andare da nessuna parte."

— In altre parole, i cacciatori-coltivatori conducevano una vita infelice.

— Sì.

— E perché?

— Perché erano costretti a lottare per la sopravvivenza.

— Ma in realtà non è affatto vero. Lo capisci anche tu, in un altro scompartimento del cervello. I cacciatori-raccoglitori non vivevano affatto sull'orlo della sopravvivenza, non più dei lupi o dei leoni, dei passeri o dei conigli. L'uomo si è adattato alla vita su questo pianeta esattamente come le altre specie, e l'idea che vivesse sull'orlo della sopravvivenza è semplicemente un'assurdità biologica. In qualità di onnivoro, le sue possibilità di nutrimento erano immense. Prima che patisse la fame, l'avrebbero patita migliaia di altre specie. La sua intelligenza e la sua abilità manuale lo mettevano in grado di vivere confortevolmente in condizioni che avrebbero schiacciato ogni altro primate.

"I cacciatori-raccoglitori, ben lontani dal vagare disperati in cerca di cibo, sono tra le specie più prospere sulla faccia della Terra, e ci riescono impiegando solo due o tre ore di quello che voi chiamate 'lavoro', il che li colloca tra

201

le classi più agiate del pianeta. Nel suo libro sull'economia dell'età della pietra, Marshall Sahlins li descrive come 'la società opulenta delle origini'. E, incidentalmente, in pratica non esistevano predatori che cacciassero l'uomo: l'uomo non era la prima scelta nel menù di nessuna belva feroce. Quindi è chiaro che questa visione affascinante e terribile della vita dei vostri antenati è solo un ennesimo frammento delle assurdità di Madre Cultura. Se ne dubiti, puoi trovarne conferma tu stesso passando un pomeriggio alla biblioteca."

— D'accordo — dissi. — E allora?

— E allora, adesso che sai che sono tutte sciocchezze, hai un atteggiamento diverso nei confronti di quel tipo di vita? Ti sembra meno repellente?

— Forse un po' meno, ma ancora repellente.

— Mettiamola così. Supponiamo che tu sia uno dei senzatetto di questa nazione. Disoccupato, senza particolari abilità, con una moglie nelle tue stesse condizioni e due figli. Senza nessun luogo dove andare, nessuna speranza e nessun futuro. Ma io ti do una scatoletta con un pulsante: se lo premi sarai proiettato all'istante in un tempo precedente alla rivoluzione. Sarai in grado di parlare la lingua locale e avrai le stesse capacità di chiunque altro a quell'epoca. Non dovrai più preoccuparti per te stesso e per la tua famiglia: se ne prenderanno cura gli altri, perché tu farai parte di quella florida società originaria.

— D'accordo.

— Allora, lo premi il pulsante?

— Non lo so. Ne dubito.

— Perché? Non rinunceresti certo a una vita meravigliosa. Secondo l'ipotesi, tu conduci una vita infelice che ben difficilmente migliorerà in futuro. Dunque dev'essere perché l'altra vita è ancora peggiore. Non è che tu non possa sopportare di rinunciare alla vita che conduci, ma non puoi sopportare di abbracciare l'altra.

202

— Sì, esatto.

— E cos'è che ti fa sembrare così orribile quella vita?

— Non lo so.

— A quanto pare Madre Cultura ha fatto un ottimo lavoro con te.

— Già.

— Va bene. Proviamo così. Dovunque i Prendi si siano scontrati con gruppi di cacciatori-raccoglitori che occupavano una zona che loro volevano per sé, hanno sempre cercato di spiegare perché questi ultimi dovevano abbandonare il proprio stile di vita e diventare dei Prendi. Dicevano: «Questa vostra vita non è solo infelice, è anche sbagliata. L'uomo non è fatto per vivere così. Quindi non contrastateci: unitevi alla nostra rivoluzione e aiutateci a trasformare il mondo in un paradiso per l'umanità.»

— Giusto.

— Prova a recitare questa parte, la parte del missionario culturale, e io farò il cacciatore-raccoglitore. Spiegami perché la vita che io e il mio popolo abbiamo considerato soddisfacente per migliaia di anni è feroce e rivoltante e repellente.

— Buon Dio.

— Ti metto io sulla buona strada... Buana, tu dici che il nostro modo di vivere è infelice e sbagliato e vergognoso. Tu dici che gli esseri umani non sono fatti per vivere così. A noi sembra strano, Buana, perché per migliaia di anni ci è sembrato un buon modo di vivere; però se tu ci dici che non è vero, se ce lo dici tu che viaggi fino alle stelle e mandi le tue parole intorno al mondo alla velocità del pensiero, allora per prudenza dobbiamo almeno ascoltarti.

— Be'... Capisco che questa vita a te sembri buona, ma è solo perché sei ignorante, incolto e sciocco.

— Proprio così, Buana. Noi aspettiamo che tu ci illumini. Dicci perché la nostra vita è infelice e squallida e vergognosa.

— La vostra vita è infelice e squallida e vergognosa perché vivete come animali.

Ishmael aggrottò la fronte, perplesso. — Non capisco, Buana. Noi viviamo come tutti gli altri. Prendiamo dal mondo ciò che ci serve e il resto lo lasciamo, proprio come fanno il leone e il cervo. Anche il leone e il cervo vivono in modo vergognoso?

— No, perché sono soltanto animali. È per gli esseri umani che non è giusto vivere a quel modo.

— Ah — ribatté Ishmael — questo non lo sapevamo. E perché non è giusto?

— Perché vivendo a quel modo... non avete nessun controllo sulla vostra vita.

Ishmael inclinò la testa nella mia direzione. — In che senso non abbiamo nessun controllo sulla nostra vita, Buana?

— Non controllate la più basilare delle necessità: le risorse alimentari.

— Tu mi stupisci davvero, Buana. Noi, quando siamo affamati, andiamo a cercare qualcosa da mangiare. Quale altro controllo è necessario?

— Avreste un maggiore controllo se seminaste il cibo voi stessi.

— Come, Buana? Che importanza ha chi semina il cibo?

— Se foste voi a farlo, sapreste con sicurezza che crescerà in un certo posto.

Ishmael soffocò cortesemente una risatina. — Mi lasci davvero a bocca aperta, Buana! Noi lo sappiamo già con sicurezza dove crescerà il cibo. Tutto il mondo vivente è cibo. Pensi forse che possa scappare di soppiatto durante la notte? E per andare dove? È sempre là, giorno dopo giorno, stagione dopo stagione, anno dopo anno. Se così non fosse, noi non saremmo qui a parlarne con te.

— Sì, ma se foste voi a seminarlo, potreste controllare la *quantità* di cibo. Sareste in grado di dire: «Dunque, quest'anno avremo più patate dolci, quest'anno avremo più fagioli, quest'anno avremo più fragole».

— Buana, queste piante crescono in abbondanza senza il minimo sforzo da parte nostra. Perché dovremmo seminare noi quello che già cresce da solo?

— Sì, ma... Non rimanete mai senza? Non vi capita mai di volere una patata dolce e di scoprire che nella foresta non ce ne sono più?

— Sì, credo di sì. Ma non succede anche a voi? Non vi capita mai di volere una patata dolce e di scoprire che nei vostri campi non ce ne sono più?

— No, perché se ne vogliamo una andiamo al negozio e la compriamo in scatola.

— Sì, avevo sentito parlare di questo sistema. Dimmi, Buana, la scatola che compri al negozio... quanta gente ha lavorato perché quella scatola sia lì ad aspettarti?

— Oh, centinaia di persone, immagino. Contadini, raccoglitori, mondatori all'impianto di inscatolamento, gente per far funzionare le macchine, gente per mettere le scatole nelle casse, camionisti per distribuire le casse, gente al negozio per aprirle e così via.

— Perdonami se te lo dico, Buana, ma mi sembra un po' strambo fare tutto questo lavoro soltanto per essere sicuri che tu non possa essere deluso perché non trovi una patata. Tra la mia gente, quando qualcuno vuole una patata va semplicemente a scavarsene una, e se non ne trova cerca qualcos'altro di altrettanto buono, così non c'è bisogno che centinaia di persone lavorino per farglielo trovare pronto.

— Non hai capito il punto.

— No, Buana.

Trattenni un sospiro. — Senti, il punto è che se non si hanno sotto controllo le proprie risorse alimentari, si vive alla mercé del mondo. Non importa che ci sia sempre abbastanza cibo: quel che conta è che non si deve vivere secondo i capricci degli dèi. Non è un modo umano di vivere, ecco tutto.

— Perché, Buana?

— Be'... Senti: un giorno vai a caccia e catturi un cervo. Perfetto. Magnifico. Ma non avevi nessun *controllo* sul fatto che il cervo si trovasse lì, giusto?

— No, Buana.

— Bene. Il giorno dopo vai a caccia e non trovi nessun cervo. Non ti è mai successo?

— Certo, Buana.

— Eccoci al punto. Dato che non hai nessun controllo sul cervo, non hai neanche il cervo. E allora cosa fai?

Ishmael scrollò le spalle. — Catturo un paio di conigli.

— Ecco: tu non dovevi decidere di catturare conigli, se ciò che volevi era un cervo.

— Ed è per questo che noi conduciamo vite vergognose, Buana? È per questo che dovremmo mettere da parte una vita che amiamo e andare a lavorare in una delle vostre fabbriche? Perché mangiamo conigli quando capita che non si presenti nessun cervo?

— No. Lasciami finire. Tu non hai nessun controllo sul cervo... ma neanche sui conigli. Immagina di andare a caccia e di non trovare né cervi né conigli. Cosa faresti, allora?

— Mangerei qualcos'altro, Buana. Il mondo è pieno di cibo.

— Sì, ma... se non lo controlli neanche un po'... — Scoprii i denti, guardandolo. — Senti, chi ti garantisce che il mondo sarà pieno di vita *per sempre*? Non c'è mai stata la siccità qui?

— Certo, Buana.

— E che cosa succede, allora?

— L'erba si secca, le piante si seccano. Gli alberi non danno frutti. La selvaggina scompare. I predatori deperiscono.

— E a voi che cosa succede?

— Se la siccità è molto estesa, allora anche noi deperiamo.

— Vuoi dire che *morite*, giusto?

— Sì, Buana.

— Ah! *Questo* è il punto!

— Morire è vergognoso, Buana?

— No... Ecco, ci sono. Il punto è che voi morite perché vivete alla mercé degli dèi; morite perché credete che gli dèi baderanno a voi. Questo sistema va benissimo per gli animali, ma voi dovreste farvi furbi.

— Non dovremmo affidare la nostra vita agli dèi?

— Assolutamente no. Dovreste affidare la vostra vita *a voi stessi*: ecco qual è il modo umano di vivere.

Ishmael scosse la testa con gravità. — Questa è una novità davvero triste, Buana. Da un tempo al di là della memoria noi viviamo nelle mani degli dèi, e a noi sembrava di vivere bene. Abbiamo lasciato agli dèi il compito di seminare e coltivare e siamo vissuti senza pensieri, e ci sembrava che nel mondo ci sarebbe sempre stato abbastanza per noi perché... basta guardare... *noi esistiamo!*

— Sì — ribattei con durezza. — Voi esistete, e guardate come siete ridotti. Non possedete niente. Siete nudi e senza una casa. Vivete senza sicurezze, senza agi, senza opportunità.

— E questo perché viviamo nelle mani degli dèi?

— Certamente. Nelle mani degli dèi non siete più importanti dei leoni, delle lucertole o delle pulci. Nelle mani di *quegli* dèi... gli dèi che si prendono cura dei leoni, delle lucertole e delle pulci... voi non siete niente di speciale. Siete soltanto un altro animale da nutrire. Aspetta... — dissi, e chiusi gli occhi per un paio di minuti. — Ecco, questo è importante. Gli dèi non fanno distinzioni tra voi e le altre creature. No, non è questo... Aspetta. — Mi rimisi al lavoro, e dopo un po' riprovai. — Ci sono: ciò che gli dèi vi procurano è sufficiente per condurre una vita *da animali*... questo te lo concedo. Ma per condurre una vita *da uomini*, il necessario dovete procurarcelo *voi*. Gli dèi non lo faranno mai.

Ishmael mi lanciò un'occhiata stordita. — Intendi dire che esiste qualcosa di cui abbiamo bisogno e gli dèi non vogliono darcelo, Buana?

— Proprio così. Vi danno ciò che vi serve per vivere da animali, ma non ciò che vi serve *in più* per vivere da uomini.

— Ma come può essere, Buana? Come può essere che gli dèi siano tanto saggi da plasmare l'universo e il mondo e la vita nel mondo, e non abbiano la saggezza di dare agli uomini ciò di cui hanno bisogno per essere uomini?

— Come può essere non lo so, ma è così. È un fatto. L'uomo è vissuto nelle mani degli dèi per tre milioni di anni, e dopo tre milioni di anni non era migliore che all'inizio né si era spostato di un passo.

— Davvero, Buana, questa è una strana novità. Che razza di dèi abbiamo?

Feci una risata sprezzante. — Dèi *incompetenti*, amico mio. Ecco perché dovete togliere definitivamente le vostre vite dalle loro mani, e prenderle nelle *vostre* mani.

— E come facciamo, Buana?

— Come ho detto, dovete cominciare a seminarvi da soli il cibo.

— Ma come potranno cambiare le cose, Buana? Il cibo è cibo, che lo seminiamo noi o che lo seminino gli dèi.

— È proprio questo il punto. Gli dèi seminano solo ciò che vi serve. Voi seminerete *più* di quanto vi serve.

— A che scopo, Buana? Che vantaggio c'è ad avere più cibo di quello che serve?

— Maledizione! — sbottai. — Ci sono!

Ishmael sorrise e disse: — Allora che vantaggio c'è ad avere più cibo di quello che serve?

— È proprio tutto qui lo stramaledetto punto! Se avete più cibo di quanto ve ne serve, allora *gli dèi non hanno più potere su di voi!*

— Possiamo ridercela di loro.

208

— Esatto.

— Ma anche così, Buana, che ce ne facciamo di quel cibo se non ci serve?

— Lo mettete da parte! Lo conservate per beffare gli dèi quando decideranno che è il vostro turno di patire la fame. Lo conservate, cosicché quando loro manderanno la siccità potrete dire: «Non *io*, maledetti! Io non soffrirò la fame, e voi non potrete farci niente, perché adesso la mia vita è solo nelle mie mani!»

5

Ishmael annuì, abbandonando il ruolo di cacciatore-raccoglitore. — Dunque adesso le vostre vite sono nelle vostre mani.

— Esatto.

— Allora perché siete così preoccupati?

— Che cosa intendi?

— Se le vostre vite sono nelle vostre mani, allora sta soltanto in voi vivere o estinguervi. È questo che significa la frase, vero?

— Certo, ma ovviamente ci sono ancora parecchie cose che *non sono* nelle nostre mani. Per esempio non siamo in grado di controllare un collasso ecologico, né di sopravvivergli.

— Quindi non siete ancora al sicuro. E quando lo sarete, definitivamente?

— Quando avremo strappato il mondo intero dalle mani degli dèi.

— Cioè quando il mondo intero sarà nelle vostre più competenti mani.

— Esatto. E allora, finalmente, gli dèi non avranno più potere su di noi. Non avranno più potere *su niente*. Tutto il potere sarà nelle nostre mani e infine noi saremo liberi.

6

— I Prendi hanno sempre avuto la sensazione di essere stati esclusi dagli dèi, di trovarsi dalla parte sbagliata rispetto a loro, per chissà quale ragione. Credi che abbia qualche rapporto con il resto?

— Direi di sì. Abbiamo licenziato gli dèi per incompetenza. Li abbiamo cacciati a calci fuori dalla porta. Li abbiamo cacciati a calci fuori dal mondo, e che se ne tornassero in cielo. Li abbiamo mandati via a pascolare, e ci siamo impadroniti del controllo operativo del mondo. Era ovvio che non la prendessero con filosofia.

Ishmael annuì. — Dopo un simile atto di ribellione gli dèi dovevano essere ammansiti, e da quel momento i Prendi hanno sempre tentato di ingraziarseli.

— Giusto.

— E di solito che cosa facevano per ingraziarseli? Quale osso gettavano loro?

— La preghiera. L'adorazione.

— Pensa in modo... primitivo.

Scoppiai a ridere. — Come si fa?

— I Prendi non sottrassero alle mani degli dèi soltanto le proprie vite, ma *ogni* vita. Sotto il governo dei Prendi, tutto ciò che è vivo non vive nelle mani degli dèi ma in quelle dell'uomo. Quando i Prendi vogliono che una creatura viva, quella vive, e quando vogliono che una creatura muoia, quella muore. Hanno rubato agli dèi il dominio sulla vita.

— È vero.

— Quale atto di contrizione potrebbe essere adeguato a un crimine simile? Che forma dovrebbe prendere l'espiazione?

— Sono sicuro che c'è una risposta ovvia...

— Pensa a un'offerta che dica: "Ecco, accettate questo come espiazione e moderate la vostra ira".

— Un sacrificio di sangue.

— Un sacrificio di sangue. Un sacrificio qualunque. Una parte del raccolto, una parte del gregge... tutto ciò che viene messo da parte per essere restituito agli dèi. Un dono che dice: "Vedete? Non abbiamo dimenticato da dove tutto proviene". Perché?

— Per ammansirli.

— Sì, ma perché ammansirli?

— Perché sono arrabbiati.

— E chi se ne frega? Che importa se sono arrabbiati?

— Ho capito. Gli uomini dell'antichità li ammansivano perché avevano bisogno di ciò che ancora non controllavano. C'erano moltissime cose nelle mani degli dèi... la pioggia, per esempio.

— Ma con l'andare del tempo questa forma di sottomissione divenne sempre più simbolica e alla fine cadde in disuso. Perché?

— Perché i Prendi migliorarono a tal punto la produzione di cibo che potevano permettersi di ignorare gli dèi.

— Ma poi arrivava l'ennesima terribile siccità, e gli uomini ricordavano ciò che dovevano fare. Gli dèi erano scontenti e dovevano essere placati con una massiccia restituzione di vitelli, capre e tori. Anche nei tempi della cultura classica, periodicamente gli uomini facevano sacrifici agli dèi perché fossero ben disposti nei loro confronti.

— Già. Non avevo mai capito... Sto cercando di ricordare qual era la teoria del sacrificio, presso i Prendi. Voglio dire, nella cultura classica che cosa pensava la gente di quei gesti sacrificali? Che senso aveva versare sul terreno una coppa di vino? A che scopo ingraziarsi gli dèi?

— Non stavano certo ad analizzare la faccenda: la saggezza dei tempi antichi diceva che quei comportamenti avrebbero placato gli dèi, punto e basta.

— Giusto.

7

— Allora — chiese Ishmael — stiamo facendo progressi?

— Credo di sì.

— Pensi che abbiamo individuato le radici del vostro ribrezzo nei confronti della vita dei tempi pre-rivoluzionari?

— Sì. La più futile ammonizione che Gesù abbia mai lanciato è: "Non datevi pensiero del domani. Non affannatevi di quello che mangerete. Guardate gli uccelli del cielo: non seminano, non mietono, né raccolgono in granai; eppure il Padre vostro celeste li nutre; non credete che sarà lo stesso per voi?" Nella nostra cultura, la risposta universale è: "Accidenti, no!" Persino i monaci più devoti parlano di seminare, mietere e raccogliere in granai.

— E San Francesco?

— San Francesco si affidava più ai doni dei contadini che ai doni di Dio. Perfino chi prende la Bibbia alla lettera si tappa le orecchie quando Gesù comincia a parlare degli uccelli del cielo e dei gigli dei campi. È convinto che sia soltanto una storiella, una graziosa parabola.

— Quindi è questa la base della vostra rivoluzione, secondo te: volevate governare da soli la vostra vita, e lo volete tuttora.

— Sì, senza dubbio. Per me, vivere in un altro modo è quasi inconcepibile. La vita dei cacciatori-raccoglitori non posso concepirla se non come uno stato di assoluta e perenne incertezza su ciò che avrebbe portato il domani.

— E invece no. Te lo potrebbe confermare qualunque antropologo. Per loro, l'incertezza del domani era molto inferiore alla vostra. Non potevano perdere il lavoro. Non c'era nessuno che dicesse: «Fammi vedere i soldi, altrimenti non ti do da mangiare, non ti do i vestiti, non ti do la casa».

— Razionalmente ci credo. Ma ho anche delle convinzioni radicate, dei condizionamenti. E questi condizionamenti mi dicono... o, meglio, me lo dice Madre Cultura... che vivere nelle mani degli dèi è un perenne incubo di terrore e incertezza.

— Ecco ciò che vi ha fatto la vostra rivoluzione: vi ha messo oltre la portata di questo terribile incubo. Vi ha messo oltre la portata degli dèi.

— Già, proprio così.

— Dunque abbiamo trovato due nuovi nomi. I Prendi sono coloro che conoscono il bene e il male, mentre i Lascia sono...

— I Lascia sono coloro che vivono nelle mani degli dèi.

PARTE DODICESIMA

1

Verso le tre, la pioggia s'interruppe e il luna park sbadigliò, si stiracchiò e si rimise d'impegno a separare i gonzi dai propri soldi. Io, lasciato nuovamente a me stesso, mi aggirai nervosamente nei dintorni per un po', mi lasciai separare da qualche dollaro e infine ebbi l'idea di rintracciare il proprietario di Ishmael. Risultò che si trattava di un nero di nome Art Owens, un uomo con un'espressione dura, alto un metro e settanta, che passava più tempo a sollevare pesi di quanto io ne passassi alla macchina da scrivere. Gli dissi che ero interessato ad acquistare il gorilla.

— Sul serio — articolò, senza dimostrarsi né sprezzante, né impressionato, né interessato... niente di niente.

Ripetei "sul serio" e gli chiesi quanto voleva.

— Più o meno tremila.

— Non sono così interessato.

— E quanto sei interessato? — Una pura curiosità, senza troppo interesse neanche da parte sua.

— Be', potrei arrivare a mille.

Fece un sogghigno, appena accennato, quasi con cortesia. Chissà perché, quell'uomo mi piaceva. Pareva il tipo che ha preso una laurea in legge ad Harvard e la tiene in fondo a un cassetto perché non ha mai trovato un modo divertente di utilizzarla.

Gli dissi: — È un animale molto vecchio, lo sa anche lei. I Johnson lo portavano in giro già negli anni Trenta. Questo suscitò la sua attenzione. Mi chiese come facevo a saperlo.

— Lo conosco — replicai seccamente, come se ne conoscessi a migliaia, di gorilla.

— Duemilacinque potrebbero andare — disse.

— Il guaio è che non li ho, duemilacinque.

— Senti, c'è un pittore nel New Mexico che mi sta facendo un'insegna — replicò. — Gliene ho già dati duecento in anticipo.

— Mmm. Forse potrei salire a millecinque.

— Non posso assolutamente scendere sotto i due e due, punto.

Il *punto* era che se li avessi avuti lì, pronta cassa, sarebbe stato felice di prenderne duemila. Forse perfino milleotto. Risposi che ci avrei pensato.

2

Era un venerdì sera, quindi i gonzi non cominciarono a sfollare fino alle undici, e fino a mezzanotte il mio corruttibile vecchietto non si presentò a incassare i venti dollari. Ishmael dormiva seduto, ancora avvolto nelle sue coperte, ma io non mi sentivo per niente colpevole di svegliarlo. Ero ansioso di fargli riconsiderare il fascino di una vita indipendente.

Sbadigliò, starnutì un paio di volte, si schiarì la gola da un grumo di catarro e mi fissò con occhi cisposi e malevoli.

— Torna domani — disse nell'equivalente mentale di un gracidio.

— Domani è sabato... possibilità zero.

Non ne fu contento, ma sapeva che avevo ragione. Si sforzò di rinviare l'inevitabile rimettendo in ordine se stesso, la gabbia e le coperte. Alla fine mi si piazzò davanti e mi lanciò uno sguardo disgustato.

— Dov'eravamo rimasti?

— Ai due nuovi nomi per i Prendi e i Lascia: "coloro che conoscono il bene e il male" e "coloro che vivono nelle mani degli dèi".

Ishmael sbuffò.

3

— Che cosa succede alla gente che vive nelle mani degli dèi?

— In che senso?

— Voglio dire, che cosa succede alla gente che vive nelle mani degli dèi *e invece non succede* alla gente che basa la vita sulla conoscenza del bene e del male?

— Dunque, vediamo... — dissi. — Non credo che sia quello che ti aspetti, ma a me non viene in mente altro: i popoli che vivono nelle mani degli dèi non si ergono a padroni del mondo né costringono gli altri a vivere come loro, mentre i popoli che conoscono il bene e il male si comportano proprio così.

— Hai ribaltato la domanda — commentò Ishmael. — Io ti ho chiesto che cosa succede ai popoli che vivono nelle mani degli dèi e invece *non succede* a quelli che conoscono il bene e il male, e tu mi hai risposto il contrario: che cosa *non succede* ai popoli che vivono nelle mani degli dèi e invece succede a quelli che conoscono il bene e il male.

— Cioè vorresti qualcosa di *attivo* sui popoli che vivono nelle mani degli dèi.

— Esatto.

— Be', tendono a lasciare che i popoli vicini vivano come preferiscono.

— Questo è qualcosa che *fanno*, non qualcosa che gli *succede*. Sto tentando di portare la tua attenzione sugli effetti del loro stile di vita.

— Mi spiace, ma temo di non arrivarci.

— Invece sì, solo che non sei abituato a pensare in certi termini.

— D'accordo.

— Ti ricordo da quale domanda abbiamo iniziato quando sei arrivato, oggi pomeriggio: "Come ha fatto l'uomo a diventare l'Uomo?" Siamo ancora alla ricerca di una valida risposta.

Mi lasciai sfuggire un sospiro, profondo ed evidente.

— Che hai da lamentarti? — chiese Ishmael.

— È che domande così vaste mi intimidiscono. Come ha fatto l'uomo a diventare l'Uomo? Non lo so. L'ha fatto e basta. Proprio come gli uccelli sono diventati uccelli e i cavalli sono diventati cavalli.

— Appunto.

— Smettila di dire così — esclamai.

— Evidentemente non capisci quello che hai appena detto.

— È probabile.

— Proverò a chiarirtelo. Prima che voi diventaste *homo*, che cosa eravate?

— *Australopithecus*.

— Bene. E come ha fatto l'*australopithecus* a diventare *homo*?

— Ha aspettato.

— Ti prego... Sei qui per usare il cervello.

— Scusa.

217

— L'*australopithecus* è forse diventato *homo* dicendo: «Ora che conosciamo il bene e il male come gli dèi, non c'è più bisogno che viviamo nelle loro mani come i conigli e le lucertole. Da adesso in poi saremo noi, e non più gli dèi, a decidere chi vivrà e morirà su questo pianeta.»?

— No.

— Ma *avrebbero potuto* diventare uomini pronunciando queste parole?

— No.

— E perché?

— Perché avrebbero smesso di essere soggetti alle condizioni nelle quali si svolge l'evoluzione.

— Esatto. Ora puoi rispondere alla domanda: che cosa succede alle persone, o alle creature in generale, che vivono nelle mani degli dèi?

— Ah, sì, ho capito. Si evolvono.

— E adesso puoi rispondere alla domanda di oggi pomeriggio: come ha fatto l'uomo a diventare l'Uomo?

— Vivendo nelle mani degli dèi.

— Vivendo come i boscimani africani.

— Giusto.

— Vivendo come i kreen-akrore brasiliani.

— Sempre giusto.

— Non come gli abitanti di Chicago?

— No.

— O i londinesi?

— No.

— Dunque adesso sai che cosa succede ai popoli che vivono nelle mani degli dèi.

— Sì, si evolvono.

— E *perché* si evolvono?

— Perché si trovano nelle condizioni necessarie per evolversi. Perché è così che si svolge l'evoluzione. Gli esseri pre-umani sono diventati uomini perché partecipavano alla competizione generale; perché non se ne consideravano esenti; perché si trovavano ancora dove avviene la selezione naturale.

— Intendi dire che facevano ancora parte della comunità della vita.

— Esatto.

— Ed ecco perché l'*australopithecus* è diventato *homo habilis*, l'*homo habilis* è diventato *homo erectus*, l'*homo erectus* è diventato *homo sapiens* e l'*homo sapiens* è diventato *homo sapiens sapiens*.

— Sì.

— E dopo che cos'è successo?

— Dopo, i Prendi hanno detto: «Ne abbiamo abbastanza di vivere nelle mani degli dèi. Niente più selezione naturale per noi, grazie tante.»

— E questo è tutto.

— E questo è tutto.

— Come ricorderai, io ho affermato che recitare una storia significa vivere in modo tale da farla diventare vera.

— Sì.

— Secondo la storia dei Prendi, la creazione si è conclusa con l'avvento dell'uomo.

— Sì, e allora?

— Come si deve vivere per far diventare vera una storia simile? Per fare in modo che la creazione si concluda con l'avvento dell'uomo?

— Mmm. Ho capito. Si deve vivere come vivono i Prendi. Noi ci comportiamo senz'altro in un modo che metterà fine alla creazione. Se continuiamo così, non ci sarà nessun successore dell'uomo, o degli scimpanzé, o degli orangutan, o dei gorilla... non ci saranno successori per nessuna specie vivente. Tutto finirà con noi. Per dare realtà alla loro storia, i Prendi devono mettere fine alla creazione... e se la stanno cavando a meraviglia.

4

— All'inizio, mentre ti aiutavo a scoprire le premesse della storia dei Prendi, ti ho preannunciato che la storia dei Lascia aveva premesse del tutto diverse.

— Sì.

— Forse adesso sei pronto a descriverle.

— Non so. Ora come ora non mi ricordo neanche quali sono le premesse dei Prendi.

— Ti torneranno in mente. Ogni storia è lo sviluppo delle proprie premesse.

— Sì, d'accordo. La principale premessa della storia dei Prendi è che *il mondo appartiene all'uomo*. — Riflettei per un paio di minuti, poi scoppiai a ridere. — È fin troppo facile. La principale premessa della storia dei Lascia è che *l'uomo appartiene al mondo*.

— Il che significa...

— Significa... — Feci una risata secca. — No, non ci credo.

— Continua.

— Significa che, fin dall'inizio, ogni creatura vivente è appartenuta al mondo, ed ecco *perché le cose sono andate così*. Quelle creature unicellulari che nuotavano negli oceani primevi appartenevano al mondo, e soltanto per questo tutto ciò che seguì giunse a esistere. Quei pesci con pinne carnose che vivevano nelle zone costiere appartenevano al mondo, e soltanto per questo comparvero gli anfibi. E poiché gli anfibi appartenevano al mondo, alla fine comparvero i rettili. E poiché i rettili appartenevano al mondo, alla fine comparvero i mammiferi. E poiché i mammiferi appartenevano al mondo, alla fine comparvero i primati. E poiché i primati appartenevano al mondo, alla fine comparve l'*australopithecus*. E poiché l'*australopithecus* apparteneva al mondo, alla fine comparve l'uomo. E per tre milioni di anni l'uomo appartenne al mondo, e *solo per questo* crebbe, si sviluppò e divenne sempre più abile e intelligente, finché un giorno si dimostrò così abile e intelligente che abbiamo dovuto chiamarlo *homo sapiens sapiens*: era arrivato a essere *noi*.

— E questo è il modo in cui i Lascia sono vissuti per tre milioni di anni: convinti di appartenere al mondo.

— Esatto. Ed è così che siamo comparsi *noi*.

5

Ishmael disse: — Ormai abbiamo capito che cosa succede accettando la premessa dei Prendi, cioè che il mondo appartiene all'uomo.

— Già: un disastro.

— Invece che cosa succede accettando la premessa dei Lascia, cioè che l'uomo appartiene al mondo?

— Che la creazione prosegue all'infinito.

— Come ti sembra questa prospettiva?

— Io ci sto.

6

— Mi è venuta in mente una cosa — dissi.

— Sì?

— In realtà, la storia che ho raccontato è quella che i Lascia hanno recitato per tre milioni di anni. Quella dei Prendi dice: «Gli dèi hanno creato il mondo per l'uomo, ma hanno lavorato male, quindi abbiamo dovuto prenderlo in mano noi, che siamo più competenti». La storia dei Lascia dice: «Gli dèi hanno creato l'uomo per il mondo, proprio come hanno fatto con i salmoni, i passeri e i conigli; ci sembra che le cose funzionino egregiamente, quindi possiamo prendercela comoda e lasciare che a governare il mondo ci pensino gli dèi».

— Esatto. Esistono altri modi di raccontare questa storia, così come esistono altri modi di raccontare la storia dei Prendi, ma questo va benissimo.

Per un po' restai lì, seduto, in silenzio. — Stavo pensando a... al significato del mondo, alle intenzioni degli dèi sul mondo e al destino dell'uomo. Dal punto di vista di questa storia.

— Continua.

— Il significato del mondo... Credo che il terzo capitolo della Genesi lo spieghi bene. Il mondo è come un giardino... il giardino degli dèi. Lo dico anche se personalmente dubito molto che esistano degli dèi. Credo che sia soltanto un punto di vista positivo e incoraggiante.

— Capisco.

— Ci sono due alberi nel giardino: uno per gli dèi e uno per noi. Quello per loro è l'Albero della Conoscenza del Bene e del Male, quello per noi è l'Albero della Vita. Ma se restiamo nel giardino non possiamo trovare altro che l'Albero della Vita... e se ci teniamo lontani dall'albero degli dèi non possiamo fare altro che restare nel giardino.

Ishmael mi fece un cenno d'incoraggiamento.

— Le intenzioni degli dèi... Sembrerebbe... C'è una specie di tendenza nell'evoluzione, non credi? Partendo da quegli organismi ultrasemplificati nei mari primordiali e arrivando, passo dopo passo, a tutto ciò che esiste oggi... e oltre... risulta evidente una tendenza verso... la complessità. E verso la consapevolezza e l'intelligenza. Sei d'accordo?

— Sì.

— Cioè, tutte le varie creature di questo pianeta sembrano essere sul punto di conquistare la consapevolezza e l'intelligenza. Quindi non c'è dubbio che lo scopo degli dèi non fosse l'umanità. Non era affatto previsto che noi fossimo gli unici giocatori di questa partita. È evidente che in questo pianeta gli dèi vedevano un giardino *traboccante* di creature consapevoli e intelligenti.

— Così sembrerebbe. E, se fosse così, anche il destino dell'uomo sarebbe chiaro.

— Sì. Per quanto stupefacente, è davvero chiaro... perché l'uomo è il primo. È colui che annuncia la via, che traccia la pista. Il suo destino è quello di essere il primo a scoprire che tutte le creature hanno una scelta: cercare di contrastare gli dèi e perire nel tentativo, oppure farsi da parte e lasciare spazio al resto. Ma c'è di più. Il destino dell'uomo è di essere il padre di tutti gli altri... anche se non come progenie diretta. Concedendo a ciascuno la propria occasione... alle balene, ai delfini, agli scimpanzé e ai procioni... diventa in un certo senso il loro progenitore. Per quanto strano, è un destino ancora più grandioso di quello che sognano i Prendi.

— Com'è possibile?

— Rifletti. Fra un miliardo di anni, tutto ciò che allora vivrà... o, meglio, tutti *coloro* che in quel tempo vivranno... diranno: «L'uomo? Ah, sì, l'*uomo*! Che creatura meravigliosa! Era sul punto di distruggere il mondo e cancellare il nostro futuro... e invece ha visto la luce prima che fosse troppo tardi e si è fatto da parte, concedendo a tutti la propria occasione. Ha mostrato a tutti noi come ci si deve comportare perché il mondo resti un giardino in eterno. L'uomo è un esempio per noi tutti!»

— Un destino non certo disprezzabile.

— Questo è sicuro. E mi viene anche in mente che...

— Sì?

— C'è un aspetto che rende la storia un po' più complessa. Il mondo era un posto molto, molto bello. Non era affatto disordinato. Non aveva bisogno di essere conquistato e governato dall'uomo. In altre parole, il mondo non aveva bisogno di appartenere all'uomo... mentre invece l'uomo ha un assoluto bisogno di appartenere al mondo. Qualcuno *dove-*

va essere il primo, doveva accorgersi che c'erano due alberi nel giardino, uno adatto agli dèi e uno adatto alle creature. Qualcuno *doveva* trovare la via, e quando fosse successo... allora non ci sarebbero stati limiti a ciò che poteva succedere. In altre parole, l'uomo ha un suo ruolo nel mondo, ma non quello di governare. Questo è nelle mani degli dèi. Il ruolo dell'uomo è quello di essere il primo. Quello di essere il primo *senza essere l'ultimo*. Il ruolo dell'uomo è di capire come riuscirci, e quindi di lasciare spazio a chi è in grado di diventare ciò che lui stesso è diventato. E, forse, quando verrà il momento, il ruolo dell'uomo sarà di essere il maestro di chi sarà in grado di diventare ciò che lui è diventato. Non l'unico maestro, non l'ultimo maestro. Forse soltanto il primo, quello dell'asilo, ma anche questo non sarebbe certo un destino disprezzabile. E sai una cosa?

— Che cosa?

— Finora ho sempre continuato a ripetermi: «Sì, certo, è molto interessante, ma a che serve? Non cambierà niente!»

— E adesso?

— Ho trovato quello che ci occorre! Non serve a niente sapere che dobbiamo fermarci, o che dobbiamo rinunciare a qualcosa. La gente ha bisogno di qualcosa di positivo, di una visione che... non so. Di qualcosa che...

— Quello che ti sforzi di esprimere, credo, è che la gente ha bisogno di non essere soltanto rimproverata, di non sentirsi soltanto stupida e colpevole. Ha bisogno di qualcosa che non sia soltanto la visione di una catastrofe. Ha bisogno di una visione del mondo e dell'umanità in cui credere.

— Sì, non c'è dubbio. Farla finita con l'inquinamento non è qualcosa in cui credere. E nemmeno suddividere i rifiuti è qualcosa in cui credere. Invece questo... vedere noi stessi in un modo nuovo, vedere il mondo in un modo nuovo... è...

Rinunciai. Insomma, Ishmael sapeva bene che cosa cercavo di dire.

7

— Mi auguro che adesso tu abbia capito un'affermazione che ho fatto quando abbiamo cominciato. Che la storia recitata dai Prendi non è in alcun senso il secondo capitolo della storia recitata su questo pianeta nei primi tre milioni di anni di vita dell'umanità.

— E qual è il secondo capitolo?

— Lo hai appena svelato, non ti sembra?

— Non ne sono sicuro.

Ishmael dedicò qualche secondo a riflettere. — Non sapremo mai a che cosa miravano i Lascia dell'Europa e dell'Asia al tempo in cui arrivarono i popoli della vostra cultura e li sottomisero. Ma sappiamo a che cosa miravano quelli del Nord america. Erano alla ricerca di un sistema per realizzare insediamenti stabili in accordo con il modo in cui erano sempre vissuti, un sistema che consentisse alla vita circostante di prosperare accanto a loro. Non dico che lo facessero perché avevano un alto senso di responsabilità, ma, comunque sia, non immaginavano neanche lontanamente di prendere la vita del mondo nelle loro mani e di dichiarare guerra alla comunità della vita. Proseguendo sulla stessa via per altri cinque o diecimila anni, su questo continente sarebbero sorte almeno una decina di civiltà progredite quanto la vostra, ciascuna con i propri valori e i propri obiettivi. È tutt'altro che impensabile.

— No, certo. O, meglio, sì. Secondo la mitologia dei Prendi, ogni civiltà dell'universo dev'essere una civiltà *Prendi*, una civiltà che abbia preso la vita nelle proprie mani. È così ovvio che non ci sarebbe bisogno di dirlo. Accidenti, perfino gli alieni della fantascienza sono sempre stati dei Prendi! Tutte le civiltà incontrate dalla *U.S.S. Enterprise* erano civiltà Prendi, perché si dà per scontato che ogni creatura intelligente in ogni luogo farà di tutto per sottrarre la propria vita dalle mani degli dèi, sapendo che il mondo appartiene a lei e non certo il contrario.

— È vero.

— Il che solleva una domanda importante. Che cosa significa esattamente *appartenere al mondo*? Ovviamente non mi dirai che soltanto i cacciatori-raccoglitori appartengono al mondo.

— Sono lieto che tu l'abbia capito. Comunque, anche se i boscimani africani o i kalapalo brasiliani (se ne sono rimasti) volessero continuare a vivere come adesso per i prossimi dieci milioni di anni, non vedo come questo potrebbe arrecare danni a loro o al mondo.

— D'accordo, ma non hai risposto alla mia domanda. Come fa un popolo civilizzato ad appartenere al mondo?

Ishmael scosse la testa in un misto di impazienza ed esasperazione. — La civiltà non c'entra niente. Come fanno le tarantole ad appartenere al mondo? Come fanno gli squali ad appartenere al mondo?

— Non capisco.

— Guardati attorno, e vedrai che alcune creature si comportano come se il mondo appartenesse a loro, e altre come se loro appartenessero al mondo. Riesci a distinguerle?

— Sì.

— Le creature che si comportano come se appartenessero al mondo seguono una legge di pace, e poiché seguono questa legge danno alle creature che le circondano l'occasione di sviluppare appieno le loro potenzialità. È così che è comparso l'uomo. L'*australopithecus* era circondato da creature che non ritenevano di possedere il mondo, e che quindi lo lasciarono vivere e svilupparsi. Che c'entra l'essere civilizzati? Essere civilizzati significa forse *dovere* distruggere il mondo?

— No.

— Essere civilizzati vi rende forse incapaci di lasciare un po' di spazio vitale alle creature che vi circondano?

— No.

— Vi impedisce di vivere in modo innocuo, come gli squali, le tarantole o i serpenti a sonagli?

— No.

— Vi vieta di obbedire a una legge che persino le lumache e i vermi seguono senza difficoltà?

— No.

— Come ho sottolineato qualche tempo fa, gli insediamenti umani non sono *contro* la legge, ma *soggetti* alla legge... e lo stesso vale per la civiltà. Allora, qual è esattamente la tua domanda?

— Adesso non lo so più. Ovviamente appartenere al mondo significa... appartenere allo stesso club degli altri. E il club è la comunità della vita. Significa appartenere al club e seguire le regole come tutti.

— E se essere civilizzati significasse qualcosa, dovrebbe significare che voi siete la direzione del club, non gli unici criminali che infrangono le regole e lo distruggono.

— È vero.

8

— Ritornando all'argomento del "qualcosa in cui credere", a me sembra che di questi tempi ne abbiate un'altra promettente fonte — disse Ishmael.

— E cioè?

— Tutti gli altri miei allievi, quando siamo arrivati a questo punto hanno esclamato: «Sì, sì, è meraviglioso... ma la gente non mollerà mai il suo controllo sul mondo. No, è impossibile. Neanche in mille anni.» E non c'era nessun esempio che potessi suggerire per smentirli e dare loro speranza. Adesso c'è.

Mi occorsero circa novanta secondi per capire. — Ti riferisci a quanto è successo in Unione Sovietica e nell'Europa dell'Est negli ultimi anni.

— Esatto. Dieci anni fa, vent'anni fa, chiunque avesse predetto che entro breve il marxismo sarebbe stato smantellato *dai suoi stessi vertici*, sarebbe stato bollato come un illuso, uno sciocco.

— Già, è vero.

— Invece quando la gente di quei paesi ha cominciato a *credere* che una vita diversa fosse possibile, il crollo è avvenuto quasi dall'oggi al domani.

— Sì, sono d'accordo. Cinque anni fa avrei detto che nessuna fede nel futuro sarebbe bastata a realizzare un fatto come quello... o come questo.

— E adesso?

— Adesso almeno si può pensarlo. È assolutamente improbabile, ma non inimmaginabile.

9

— Ma avrei un'altra domanda — aggiunsi.

— Dimmi.

— Il tuo annuncio parlava di "un sincero desiderio di salvare il mondo".

— Sì?

— Che cosa devo fare, adesso, se desidero sinceramente salvare il mondo?

Da dietro le sbarre, Ishmael mi fissò a lungo con le sopracciglia aggrottate. — Vuoi un programma di lavoro?

— Certo che lo voglio.

— Eccolo qui: la storia della Genesi dev'essere ribaltata. Per prima cosa, Caino deve smettere di uccidere Abele. Questo è essenziale se volete sopravvivere. I Lascia sono, per il mondo, la più importante specie in via di estinzione... non perché siano esseri umani, ma perché soltanto loro possono dimostrare ai distruttori del mondo che non esiste un unico modo giusto di vivere. E subito dopo, ovviamente, dovete sputare il frutto dell'albero proibito. Dovete rigettare, definitivamente e senza remore, l'idea che voi sappiate chi deve vivere e chi deve morire su questo pianeta.

— Sì, è tutto chiaro, ma questo è un programma *per l'umanità*, non per un uomo solo. Che cosa dovrò fare *io*?

— Tu dovrai insegnare ad altre cento persone quello che io ho insegnato a te, e ispirare ognuno di loro a essere un maestro per altri cento. È così che ha sempre funzionato.

— Sì, ma... basterà questo?

Ishmael aggrottò le sopracciglia. — No. Ma se si comincia in qualsiasi altro modo non ci sarà nessuna speranza. Non si può dire: «Dobbiamo cambiare il comportamento della gente verso il mondo, ma non il loro modo di considerare il mondo, le intenzioni degli dèi sul mondo e il destino dell'uomo». Finché i popoli della vostra cultura resteranno convinti che il mondo appartiene a loro, e che il destino assegnato loro dagli dèi è di conquistarlo e governarlo, continueranno a comportarsi come negli ultimi diecimila anni. Continueranno a trattare il mondo come una proprietà privata e continueranno a conquistarlo come un avversario. Queste cose non si possono modificare con una legge. Bisogna modificare la *mente* delle persone. E non si può estirpare un complesso di idee nocive lasciando al suo posto il niente; si deve fornire alla gente qualcosa che sia altrettanto significativo di ciò che perde... qualcosa che abbia più senso del vecchio orrore, l'Uomo Supremo, che spazzava via tutto ciò che non serviva ai suoi bisogni, direttamente o indirettamente.

Scossi la testa. — Stai dicendo che qualcuno deve diventare per il mondo di oggi ciò che è stato San Paolo per l'Impero Romano.

— Fondamentalmente sì. È così terribile?

Feci una risata. — "Terribile" non è abbastanza forte. Dire che è terribile è come chiamare l'Atlantico una pozzanghera.

— È davvero così impossibile, in un'epoca in cui un comico televisivo di successo raggiunge più persone in dieci minuti di quante Paolo poteva raggiungerne in una vita?

— Io non sono un comico di successo.

— Ma sei uno scrittore, no?

— Non quel tipo di scrittore.

Ishmael scrollò le spalle. — Meglio così. Non hai vincoli con nessuno. Sei indipendente.

— Non direi.

— Che cosa ti aspettavi che ti insegnassi? Un incantesimo? Una parola magica che spazzasse via la cattiveria dal mondo?

— No.

— In ultima analisi, non sei molto diverso da quelli che dici di disprezzare: volevi soltanto qualcosa per te. Qualcosa che ti facesse sentire meglio mentre osservavi la fine avvicinarsi.

— No, non è vero. Tu non mi conosci. Io faccio sempre così... prima dico: «No, è impossibile, assolutamente impossibile» e poi mi ci metto e lo faccio.

10

— Ho trascurato un piccolo particolare — disse Ishmael, e si lasciò sfuggire un lungo sospiro dolente e affannoso, come se gli dipiacesse di essersene ricordato.

Aspettai in silenzio.

— Uno dei miei studenti era un ex forzato. Rapina a mano armata, così va la vita. Te ne ho mai parlato?

Risposi di no.

— Temo che il nostro lavoro comune sia stato più utile a me che a lui. Innanzitutto, da lui ho imparato che, contrariamente a quello che portano a credere i film sulle prigioni, la popolazione delle carceri non è una massa indifferenziata. Come nel mondo esterno, ci sono i ricchi e i poveri, i deboli e i potenti. E, fatte le debite proporzioni, i ricchi e i potenti vivono molto bene in prigione... non quanto all'esterno, naturalmente, ma molto, molto meglio dei poveri e dei deboli. In effetti, possono ottenere praticamente tutto quello che vogliono, in fatto di droga, cibo, sesso e favori.

Inarcai un sopracciglio.

— Vuoi sapere che cosa c'entra con tutto il resto — disse lui, annuendo. — Ecco che cosa c'entra: il mondo dei Prendi è come una grande prigione e, a parte un manipolo di Lascia sparsi qua e là nel mondo, oggi l'intera razza umana si trova in questa prigione. Nell'ultimo secolo, ai Lascia rimasti nel Nordamerica è stata offerta un'alternativa: essere sterminati o accettare la prigionia. Molti hanno scelto la prigionia, ma ben pochi sono stati in grado di adattarsi a questo tipo di vita.

— Già, è andata proprio così.

Ishmael mi fissò con occhi languidi, umidi. — Naturalmente una prigione ben gestita deve avere una sua attività industriale. Sarà evidente anche a te.

— Be'... Contribuisce a tenere occupati gli ospiti, credo. Non li fa pensare alla noia e all'inutilità della loro vita.

— Sì. Sai qual è la vostra?

— L'attività industriale della nostra prigione? Su due piedi non saprei, anche se credo che sia ovvio.

— Sì, direi che è senz'altro ovvio.

Ci riflettei un po'. — Consumare il mondo.

Ishmael annuì. — Centrato al primo colpo.

11

— C'è una significativa differenza tra gli ospiti delle prigioni criminali e quelli della vostra prigione culturale: i primi sanno benissimo che la distribuzione di ricchezza e potere all'interno della prigione non ha niente a che vedere con la giustizia.

Lo guardai battendo le palpebre, in attesa che si spiegasse.

— Nella vostra prigione culturale, quali ospiti detengono il potere?

— Ah — dissi. — Gli ospiti maschi, e in particolare quelli bianchi.

— Sì, esatto. Ma questi ospiti maschi e bianchi sono pur sempre dei detenuti, non dei secondini. Nonostante i loro poteri e privilegi, nonostante spadroneggino su tutti gli altri all'interno della prigione, non possiedono la chiave che apre la porta.

— Già. Donald Trump può fare un sacco di cose che io neanche mi sognerei, eppure non può uscire dalla prigione, esattamente come me. Ma che c'entra questo con la giustizia?

— La giustizia vorrebbe che anche altri, che non fossero maschi e bianchi, avessero una parte di potere nella prigione.

— D'accordo, ma dove vuoi arrivare? Dici che non è vero?

— Non è vero? È senz'altro vero che i maschi... e, come hai detto tu, soprattutto i maschi di razza bianca... guidano la danza nella prigione da migliaia di anni, forse fin dall'inizio. È altrettanto vero che questo è ingiusto. Ed è vero che il potere e la ricchezza nella prigione dovrebbero essere equamente distribuiti. Ma nota che, per la vostra sopravvivenza come specie, non conta tanto l'equa distribuzione di potere e ricchezza nella prigione, quanto la distruzione della prigione stessa.

— Sì, io lo capisco, ma non sono sicuro che lo capirebbe molta gente.

— No?

— No. Per i progressisti l'equa distribuzione di potere e ricchezza è... non riesco a trovare un'espressione abbastanza forte. Un'idea per la quale i tempi sono maturi. Il sacro Graal.

— Ciò nonostante, abbattere le mura della prigione dei Prendi è una causa che l'intera umanità potrebbe sottoscrivere.

Scossi la testa. — Temo che sia una causa che quasi nessuno sottoscriverebbe. Bianchi o neri, maschi o femmine, ciò che la gente di questa cultura desidera è accumulare quanta più ricchezza e quanto più potere all'interno della prigione. Non gliene frega niente che sia una prigione o che questo sistema stia distruggendo il mondo.

Ishmael si strinse nelle spalle. — Come sempre, sei pessimista. Forse hai ragione, ma io spero di no.

— Lo spero anch'io, credimi.

12

Anche se stavamo parlando soltanto da un'ora, Ishmael sembrava distrutto dalla fatica. Tossicchiai come chi è pronto ad andarsene, ma lui aveva ancora qualcosa in mente.

Alla fine alzò lo sguardo e disse: — Avrai capito che con te ho finito.

Penso che non mi sarei sentito peggio se mi avesse piantato un coltello nello stomaco.

Chiuse gli occhi per un istante. — Perdonami, sono stanco e non mi esprimo bene. Non intendevo esattamente ciò che ho detto.

Non sapevo come replicare, ma riuscii a fare un cenno di assenso.

— Volevo dire che ho concluso ciò a cui ho dato inizio. Come maestro, non ho nient'altro da darti. Ma sarei felice di poterti considerare un amico.

Per la seconda volta, non riuscii a fare altro che annuire.

Ishmael scrollò le spalle e si guardò attorno con un'espressione vacua, come se per un momento avesse dimenticato dove si trovava. Poi fece un passo indietro ed esplose in un fragoroso starnuto.

— Senti — gli dissi, riprendendomi. — Torno domani.

Mi squadrò a lungo, cupo; si stava chiedendo che diavolo mi aspettassi ancora da lui, ma era troppo stanco per dirmelo. Mi congedò con un grugnito e con un cenno di commiato.

PARTE TREDICESIMA

1

Quella sera, in albergo, prima di addormentarmi elaborai il piano. Era un pessimo piano, e lo sapevo, ma non mi era venuto in mente niente di meglio. Comunque, che gli piacesse o no (e sapevo che non gli sarebbe piaciuto) dovevo salvare Ishmael da quel dannato luna park.

Era un pessimo piano anche in un altro senso: perché dipendeva interamente da me e dalle mie scarse risorse. Possedevo soltanto una carta di credito scoperta, e se l'avessi usata probabilmente mi sarei messo nei guai.

Il giorno dopo, alle nove di mattina, ero arrivato in una cittadina più o meno a metà strada da casa, e stavo girando per le strade in cerca di un posto dove fare colazione, quando sul cruscotto si accese una spia rossa di "troppo caldo" che mi costrinse a fermarmi. Aprii il cofano e controllai l'olio: a posto. Controllai l'acqua: zero. Nessun problema. Da guidatore prudente, mi portavo sempre dietro dell'acqua di scorta. Riempii il radiatore, rimisi in moto, e dopo due minuti la spia rossa si accese di nuovo. Arrivai a una stazione di servizio dove l'insegna diceva MECCANICO, ma di meccanici non c'era traccia. Se non altro, l'uomo della pompa ne sapeva trenta volte più di me di automobili e non si fece pregare per frugare nel motore.

— C'è il raffreddamento del radiatore che non funziona — mi disse dopo quindici secondi. Me lo mostrò e mi spiegò che di solito la spia si accende soltanto quando il motore si surriscalda nelle code ai semafori in città.

— È partito un fusibile?

— Può darsi — rispose. Ma dopo averne provato uno nuovo decretò che funzionava come quello vecchio. Disse: — Aspetti un attimo — e tirò fuori un tester a forma di penna, per controllare il collegamento tra il ventilatore e l'alimentatore. — Il ventilatore è andato — disse.

— E dove posso trovarne uno nuovo?

— Qui in città, da nessuna parte — rispose. — È sabato.

Gli chiesi se sarei riuscito ad arrivare a casa in quelle condizioni.

— Credo di sì — rispose — se non deve attraversare troppe città. Comunque basta che si fermi quando il motore comincia a surriscaldarsi.

Seguii il suo consiglio e prima di mezzogiorno trovai un meccanico; gli lasciai la macchina, anche se mi disse che non avrebbe potuto metterci le mani prima di lunedì. Sbrigai una commissione, cioè mi recai in banca e trasformai in contanti tutto ciò che possedevo... conto corrente, libretto di risparmio e carte di credito. Quando arrivai al mio appartamento avevo con me 2400 dollari, e per il resto ero in bolletta.

Non intendevo pensare ai problemi che avrei dovuto affrontare, perché erano troppi. Come si fa a sloggiare un gorilla da mezza tonnellata da una gabbia che non vuole lasciare? E a caricarlo sul sedile posteriore di una macchina sulla quale non vuole salire? E, poi, riuscirà a muoversi una macchina che ha una bestia di quella stazza sul sedile posteriore?

Come avrete capito, io sono uno che fa un passo per volta. Un improvvisatore. In un modo o nell'altro sarei riuscito a caricare Ishmael sul sedile posteriore della mia macchina, e dopo avrei deciso che cosa fare. Probabilmente l'avrei portato nel mio appartamento... e, di nuovo, dopo avrei deciso che cosa fare. L'esperienza mi diceva che non si può mai sapere come risolvere un problema finché il problema non arriva.

2

Chiamarono lunedì mattina, alle nove, per dirmi che cos'aveva la macchina. Il ventilatore era fuori uso perché era stato sottoposto a uno sforzo eccessivo, ed era stato sottoposto a uno sforzo eccessivo perché l'intero maledetto sistema di raffreddamento era defunto. C'era un lavoro enorme da fare, per una spesa di almeno seicento dollari. Mi lasciai sfuggire un lamento, e dissi di procedere. Mi avvertirono che probabilmente sarebbe stata pronta verso le due, mi avrebbero chiamato loro. Dissi di lasciar perdere la telefonata: sarei andato a prendere la macchina quando avessi potuto; in realtà la consideravo abbandonata. Non potevo permettermi una spesa simile, e, comunque, ero quasi sicuro che quel catorcio non ce l'avrebbe fatta a portare Ishmael.

Noleggiai un furgone.

Senza dubbio vi chiederete perché diavolo non l'avevo fatto subito. La risposta è semplice: non ci avevo pensato. Ho i miei limiti, okay? Sono abituato a fare le cose in un certo modo, e le escursioni su furgoni a noleggio non sono incluse.

Due ore più tardi inchiodai di fronte all'area del luna park e imprecai.

Se n'erano andati tutti.

Qualcosa, forse una premonizione, mi suggerì di scendere a dare un'occhiata. L'area sembrava di gran lunga troppo piccola per ospitare diciannove piste, ventiquattro giochi e una mostra. Mi chiesi se sarei riuscito a trovare l'ubicazione della gabbia di Ishmael senza punti di riferimento. Le mie gambe avevano buona memoria e mi portarono nelle vicinanze, poi gli occhi fecero il resto, perché una traccia visibile *c'era*; le coperte che gli avevo comprato erano rimaste là, ammucchiate con altri oggetti che riconobbi: alcuni libri, il blocco da disegno con le mappe e i grafici che Ishmael aveva tracciato per illustrare la storia dei Lascia e dei Prendi e quella di Caino e Abele, e infine il poster che si trovava nel suo ufficio, ora arrotolato e fermato con un elastico.

Stavo frugando nel mucchio per tirarlo fuori, muovendomi come in trance, quando sbucò fuori il mio corruttibile vecchietto. Sogghignò e sollevò un grosso sacco nero di plastica per mostrarmi che cosa stava facendo: ripuliva la zona da qualche centinaio di chili di rifiuti rimasti lì. Poi, quando vide il mucchio di fronte a me, alzò gli occhi al cielo e disse:

— Polmonite.

— Come?

— La polmonite se l'è portato via... il suo amico scimmione.

Rimasi a fissarlo, battendo le palpebre, incapace di recepire il senso delle parole.

— Il veterinario è venuto sabato sera e l'ha riempito di punture, ma era troppo tardi. Se n'è andato stamattina, verso le sette o le otto, credo.

— Mi sta dicendo che è... che è morto?

— Morto stecchito, socio.

E io, da assoluto egoista, avevo a malapena notato che sembrava un po' debole.

Feci correre lo sguardo sul vasto terreno grigio, dove qui e là il vento raccoglieva e disperdeva mucchi di cartacce, e mi sentii tutt'uno con quella scena: svuotato, inutile, soffocato dalla polvere... io stesso una terra desolata.

Il mio anziano "socio" aspettava, chiaramente curioso di vedere come si sarebbe comportato l'amico delle scimmie.

— Che cosa ne hanno fatto? — chiesi.

— Eh?

— Che cosa ne hanno fatto del corpo?

— Ah. Hanno chiamato la contea, credo. L'hanno portato nel posto dove bruciano gli animali che trovano schiacciati sulla strada. Ha presente?

— Sì, grazie.

— Di niente.

— Ci sono problemi se prendo questa roba?

Dallo sguardo che mi lanciò capii che gli avevo offerto il nuovo record mondiale di stramberia, ma si limitò a dire: — Faccia pure. Tanto finirebbe nella spazzatura.

Lasciai lì le coperte... tutto il resto ci stava sotto un braccio.

3

Che cosa dovevo fare? Starmene per qualche secondo a occhi bassi davanti al forno crematorio della contea, dove bruciano gli animali che trovano schiacciati sulla strada? Un altro si sarebbe comportato in maniera diversa, probabilmente migliore, rivelando un cuore più grande, una maggiore sensibilità. Io invece tornai a casa.

Tornai a casa, restituii il furgone, ripresi la macchina e andai al mio appartamento, che adesso era vuoto in un modo nuovo. Un nuovo livello di vuoto.

Su un tavolino appoggiato al muro c'era un telefono, che mi collegava a un intero mondo di vita e di attività, ma chi potevo chiamare?

Stranamente, mi venne in mente un nome; cercai il numero e lo composi. Dopo tre squilli una voce profonda rispose: «Residenza del signor Sokolow».

— Il signor Partridge?

«Sì, sono il signor Partridge.»

Io dissi: — Sono la persona che è venuta a trovarla un paio di settimane fa, e che cercava Rachel Sokolow.

Partridge attese.

Io dissi: — Ishmael è morto.

Dopo una pausa: «Sono molto dispiaciuto».

— Avremmo potuto salvarlo.

Partridge ci pensò per alcuni secondi. «È proprio sicuro che lui ce l'avrebbe permesso?»

Non lo ero, e lo dissi.

4

Soltanto quando portai il poster di Ishmael dal corniciaio scoprii che c'erano due messaggi, uno per lato. Lo feci incorniciare in modo che si vedessero tutti e due. Uno era il messaggio che Ishmael mostrava sulla parete della sua tana:

CON LA SCOMPARSA DELL'UOMO,
IL GORILLA
AVRÀ QUALCHE SPERANZA?

Il messaggio sull'altro lato diceva:

CON LA SCOMPARSA DEL GORILLA,
L'UOMO
AVRÀ QUALCHE SPERANZA?

NOTA DELL'AUTORE

Nelle prime edizioni di *Ishmael*, includevo una nota che iniziava così: "*Ishmael* è sempre stato molto più di un libro, per me. È mia speranza che sarà molto più di un libro anche per tanti di coloro che lo leggeranno. Se tu fai parte di questo gruppo, spero che mi farai la gentilezza di metterti in contatto".

Mi piacerebbe rinnovare questo invito anche ora, aggiungendo solo che, mentre resto in attesa di ricevere le vostre lettere (ognuna di loro sarà letta!), dovreste per favore cercare di capire che non mi è possibile rispondere a tutte.

Indirizzo postale: P.O. Box 66627, Houston TX 77266-6627
E-mail: danielquinn@ishmael.org
Potete anche contattare altri lettori dei miei libri al seguente indirizzo internet: http://www.ishmael.org

*L'Ortica editrice persegue con i fatti
quella solidarietà così lontana
dall'attuale competizione fratricida.
È animata da idee che sole possono
dar moto alle vicende umane.
È animata dallo spirito di
cooperazione, dall'amicizia, dalla
fratellanza, dall'armonia possibile
fra tutti gli esseri viventi.*

ORTICA EDITRICE soc. coop.
via delle Regioni, 23 - 04011 Aprilia
www.orticaeditrice.it

FINITO DI STAMPARE NEL MESE DI MAGGIO 2018
PRESSO LA TIPOGRAFIA SERVICES4MEDIA S.R.L., BARI